ディズニーとチャップリン

エンタメビジネスを生んだ巨人

大野裕之

光文社新書

——ディズニーとチャーリー・チャップリンは、ハリウッドがこれまでに生んだ、たった二人の本物の天才だ。

（フランク・ラスキー、１９６４年）[1]

——君はもっと伸びる。君の分野を完全に征服する時がかならず来る。だけど、君が自立を守っていくには、僕がやったようにしなきゃ。つまり、自分の作品の著作権は他人の手に渡しちゃだめだ。

（１９３０年代初頭に、ウォルト・ディズニーが初めてチャールズ・チャップリンに面会した時の、チャップリンからディズニーへの激励の言葉）[2]

——「弟はチャーリー・チャップリンにとても魅了されていたので、弟自身がチャーリー・チャップリンだった」

（ウォルト・ディズニーの兄ロイの証言。１９６７年）[3]

1　Frank Rasky, '*80 Million a Year from Fantasy*' ["*Star Weekly*" (Toronto)、１９６４年11月14日、８-11頁]。

２　ボブ・トマス著、玉置悦子・能登路雅子訳『ウォルト・ディズニー　創造と冒険の生涯　完全復刻版』（講談社、２０１０年）、１３４-５頁。

３　リチャード・ハブラーによるロイ・ディズニーへのインタビュー。１９６７年11月17日。ウォルト・ディズニー・アーカイヴス所蔵。

プロローグ

ウォルト・ディズニーにとって、12歳年上のチャールズ・チャップリンは、神様だった。小さい頃から彼に憧れ、彼の物真似コンテストの舞台にも立った。後年、ハリウッドに進出した時は、どうにかして彼に会えないものかと、チャップリン撮影所の前をうろうろ歩いてみたりもした。だが、駆け出しのアニメーターに、世界の喜劇王と出会うチャンスなどあるはずもなかった。

そんな彼が紆余曲折を経て、ミッキーマウスを世に送り出した後、長年待ち望んだ瞬間が訪れた。

チャップリンが、今目の前にいる――ディズニーは、それだけでも有頂天だったのに、思いがけず、「僕も君の作品のファンだよ」と言われた時の、彼の気持ちはいかばかりであっただろう。

ただし、チャップリンもだてに〈世界の喜劇王〉ではない。最初の面会で、自分の他にもう一人の天才が現れたことを見抜いた彼は、芸術上のアドヴァイスではなく、ビジネスについて冷徹かつ簡潔に助言を与えた。巻頭に引用した「自分の作品の著作権は他人の手に渡しちゃだめだ」の一言は、ウォルトの、ひいてはディズニー社のその後を決定づけることになる。

チョビ髭に山高帽のおなじみの扮装で、世界中を笑いと涙の渦に巻き込んだ不世出の喜劇王。

愛くるしいキャラクターで子供たちに喜びを与え、この世に夢の国を生み出したアニメーションの帝王。

ともに、唯一無二の天才にして、他とは比べることができない存在であることは言うまでもない。

二人が世に登場してから１００年弱にわたる世界中の新聞記事を調べてみると、興味深いことがわかる。「チャールズ・チャップリン」ともっとも多く比較されている単語は、決して他のコメディアンではなく「ウォルト・ディズニー」であり、「ウォルト・ディズニー」ともっとも多く比較されているのは、他のアニメ監督ではなく「チャールズ・チャップリン」なのだ。すなわち、チャップリンとディズニー、この二人の天才に比較し得る存在は、彼ら自身だけなのだ。

しかし、意外なことに、映画が生んだ「たった二人の本物の天才」（フランク・ラスキー）についての比較研究は、これまで本格的になされてはいなかった。

まったく異なった環境で生まれ育った二人が、それぞれのジャンルを征服するまでのサクセス・ストーリーは、20世紀のエンターテインメントの歴史そのものとも言える。

あるいは、二人の対照的な思想信条や社会・戦争への視点は、激動の20世紀アメリカを立体的に捉えることのできる複眼のようでもある。

それにしても、「今、なぜ、ディズニーとチャップリン」なのか？　私たちは今、世界中で日常的にインターネットなどのメディアを介して動画を楽しみ、巨大なテーマパークで休日を過ごす。映画・アニメ・ゲームなどの多様なジャンルで、キャラクターを核とした、いわゆる「コンテンツ産業」が隆盛を極め、娯楽だけではなく政治や経済などの様々な局面でもイメージ・キャラクターが大きな役割を果たしている時代に生きている。そんな現代において、なぜ１００年以上前に生まれた二人のことを取り上げるのか？

実のところ、チャップリンとディズニーこそ、今あげたような、21世紀という時代を彩るマルチメディアの巨大コンテンツ産業の発明者——つまり、「世界中で同じ映像」を楽しめるようにし、「イメージ・キャラクター」の概念を生み、そして「テーマパーク」を創った二人なのだ。

娯楽を芸術にし、コンテンツを産業にした二人を知ることは、私たちが生きる現代文明の出発点を深く理解し、来るべき未来のカルチャーの形を生み出すための、大きなヒントになるかもしれない。


だが、ここで結論めいたことへと急ぐのはやめておこう。

今から見ていくのは、人々に喜びを与えることに人生のすべてを捧げ、この世界を前よりも楽しい場所に変えてしまった二人の男の出会いと友情そして別れの話、二人の大いなる子供の冒険譚である。

目次

第1章　チャーリーとウォルト

チャールズ・スペンサー・チャップリンは、１８８９年4月16日にイギリスのロンドン南部で生まれた。

ウォルト・ディズニーは、１９０１年12月5日にアメリカのシカゴ北西部で生まれた。

二人の年の差は12歳。日本風に言うと、干支《えと》がひとまわり違う。ヨーロッパからアメリカへと新天地を求めて渡った移民第一世代である前者と、移民第二世代の後者。映画業界の先輩・後輩の間柄として友情を育み、お互いに影響を受けつつも、一世代違うために仕事に対しては異なった考えと方法を持ち、別々のジャンルで同時代に並び立つことができた絶妙な年齢差であった。

二人の生い立ちは、極めて対照的であり、同時に驚くほど多くの共通点がある。当然ながら、それぞれの来し方は両者の作品に大きな影響を及ぼした。

詳しい伝記は専門書に譲るとして、ここではポイントを絞って二人の生涯を比較してみよう[1]。

＊チャップリンの生い立ち

チャップリンは、大英帝国の娯楽ミュージック・ホールの芸人夫婦だったチャールズ・シニアとハンナのもとに生まれた。彼が生まれ育ったロンドン南部のランベス地区は、イギリスで初めて巨大なミュージック・ホールの劇場が建てられた大衆娯楽の中心地であり、同時に５歳になるまでに子供の３分の１が命を落としてしまう最貧困地区の一つでもあった。

ちなみに、「チャップリンはユダヤ人だった」という俗説があったが、公的書類に基づいて４代遡《さかのぼ》っても家系にユダヤ人はいない。ただし、母方の祖母がロマ（いわゆるジプシー）で、チャップリンはそのことを終生誇りにしていた。

１　チャールズ・チャップリンの生涯については、チャールズ・チャップリン著、中里京子訳『チャップリン自伝　若き日々』『チャップリン自伝　栄光と波瀾の日々』（いずれも新潮文庫、２０１７年）、デイヴィッド・ロビンソン著、宮本高晴・高田恵子訳『チャップリン　上・下』（文藝春秋、１９９３年）を参照されたい。

ウォルト・ディズニーの伝記としては、ボブ・トマス著、玉置悦子・能登路雅子訳『ウォルト・ディズニー』（講談社、１９９５年）がバランスの取れた決定版とされ、その他には、ニール・ゲイブラー著、中谷和男訳『創造の狂気　ウォルト・ディズニー』（ダイヤモンド社、２００７年）が豊富な資料に依拠していて詳しい。最新の研究はディズニー・アーカイヴスの設立者であるデイヴ・スミスが長年月刊誌「ディズニーファン」（講談社）等に連載した論考がある。両者についての伝記的記述は、とくに断りのない場合、これらの著作に基づく。

チャップリンは極貧の幼少期を過ごした。生まれた頃は、父が舞台で人気を博していて、暮らし向きも良かったようだが、２歳の時に両親が別居してから転落が始まる。父は酒の飲みすぎで亡くなり、母は貧困のあまり精神に異常をきたした。幼いチャーリーと4歳違いの異父兄シドニーは、屋根裏部屋と貧民院とを行き来する生活を余儀なくされ、時には路上で寝ることもあった。彼は、19世紀の世界を支配した大英帝国の首都ロンドンで、きらびやかな舞台の世界から都市の絶望的な格差社会までを幼少期に体験した。この時、街を当て所なくさまよい歩いたことで、人間と社会を冷徹に観察する力を身につけたのだろう。

喉の故障で舞台に立てなくなった母ハンナは、裁縫の仕事で家計を支えながら、時折昔の舞台衣裳を引っ張りだしては、息子たちの前で見事な芸を披露した。母が屋根裏部屋の小窓から道行く人を面白おかしく描写して笑っている時だけは、幼い兄弟は空腹を忘れた。母が寝る前に迫真の演技で読んでくれたキリストの物語で、幼いチャーリーは愛を知った。

そんな生活の中、舞台上で突然声の出なくなった母に代わって、チャップリンは5歳で初舞台を踏んだ。以降、舞台俳優の道を歩んでいく。

極貧の生活の中でもユーモアと愛を持って生き抜いた幼少時代の経験は、のちのチャップリン映画に大きな影響を与えた。

＊イギリスの舞台人チャップリンのアメリカ映画デビュー

チャップリンは父のつてで、９歳の時に子供の木靴ダンス・グループ「エイト・ランカシャー・ラッズ」に加入して、プロの舞台人としてのキャリアをスタートさせた。14歳の時には、名優ウィリアム・ジレットによる『シャーロック・ホームズ』の初の舞台化（ホームズがパイプを持ったのはこの時が初めてで、シャーロック・ホームズのイメージを決定づけた伝説的舞台である）で「ビリー少年」役を演じ評判を呼んだ。

その後、先に入団していた兄シドニーの推薦で、当時英国ミュージック・ホール界の雄だったカーノー劇団に参加し、「スケッチ」と呼ばれる寸劇ジャンルを得意としていたこの劇団で次々と主役を演じる。

カーノー劇団の後輩にのちにローレル＆ハーディのコンビで活躍したスタン・ローレルがいる。彼によると、カーノー劇団の特徴とは際限なくリハーサルを繰り返して正確なリズムで笑いを生み出すことで、それを完璧にこなしたのがチャップリンだった。このことは、のちの映画作りにおけるチャップリンの完璧主義――一つのシーンを満足いくまで数十回も撮り直し、例えば『街の灯』（１９３１年）での主人公とヒロインとの出会いのシーンだけで、のべ1年もの時間をかけた――へとつながっていく。

ミュージック・ホールは、19世紀中頃から20世紀初頭までイギリスの代表的な大衆舞台娯楽だった。寸劇や歌が安価に、しかもお酒を飲みながら楽しめるので、映画が発展する前の時代に大流行した。あまりの人気に、政府はシェイクスピアなどの既存の正劇を保護するために、（時期によって内容は異なるが）「ホールの舞台では、登場人物が5人以下で、上演時間を30分以内とする」などと、出し物を規制する法律を施行したほどだった。逆に、その規制のおかげで、ミュージック・ホールは、寸劇・歌・ダンス・奇術・サーカスなどが短い上演時間で次々と繰り広げられるヴァラエティ豊かな舞台となった。

チャップリンは、短い上演時間で、かつほとんど一人芝居で、客の心をつかむ演技術をそこで身につけた。そのためには、何と言っても、瞬時に人々に強いインパクトを与える「キャラクター」が重要だった。のちに世界中の人気を集める、チョビ髭に山高帽の「放浪紳士チャーリー」のキャラクターを作った土壌は、ミュージック・ホールにあった。

加えて、当時の大英帝国は、翳《かげ》りが見えていたとは言え世界の覇者であったので、ホールの劇団は植民地をはじめ各国で海外巡業を行なった。チャップリンもヨーロッパ公演やアメリカ公演に参加しているが、早くから国際感覚を身につけていたことは、世界的映画スターを生んだ素地として重要だ。

ただし、ミュージック・ホールがチャップリンのすべてを作り上げたわけではない。帝国の娯楽たるホールでは愛国心や戦争を煽る過激な歌が好まれ、寸劇にも人種差別的なギャグが頻出した。これはのちのチャップリンのヒューマニズムとは大きく異なる。このことについてはのちほど触れることにしよう。

もう一つ補足すると、チャップリンがミュージック・ホールだけでなく、ダンス・グループや『シャーロック・ホームズ』などの正劇でも修業を積んでいたことは注目に値する。5歳から24歳までの20年間に様々なジャンルの舞台に立ったことが、のちに映画において監督・脚本・プロデューサー・作曲を一人でこなす多面的な才能と、喜劇と悲劇を融合させた独自の作風を生み出す礎《いしずえ》となったのだ。

そんなチャップリンは、カーノー劇団での二度目のアメリカ巡業公演に出ていた１９１３年に、キーストン社のプロデューサーで監督のマック・セネットにスカウトされて、映画界入りした。週給１５０ドルという条件は、劇団の倍の金額だった。階級社会のイギリスでは、彼のような下層階級出身者は先が知れている。新大陸アメリカと新興メディアだった映画に、大きな希望を抱いての転身だった。

＊永遠のキャラクター〈放浪紳士チャーリー〉の誕生

記念すべき出演第１作目の映画『成功争い』は、女性と特ダネを争う男二人のドタバタ喜劇。チャップリンは、後年トレードマークとなるチョビ髭ではなく、ドジョウ髭に洒落もののフロックコートという扮装でペテン師を演じた。

さて、チャップリンといえば、誰もが思い浮かべる、チョビ髭に山高帽、小さな上着にだぶだぶのズボンとドタ靴、そしてステッキという、あの放浪紳士の扮装はいつどのようにして生まれたのだろうか。

その歴史的な瞬間とは、出演第２作目『メイベルのおかしな災難』を撮影中の、１９１４年１月６日、雨の日の午後のことだった。監督のセネットは葉巻をくわえたまま、「ここにギャグが欲しいな」と言って、ホテルのロビーのセットの前にいたチャップリンの方を振り向いて、「コメディのメーキャップをしてこい。どんなものでもいいから」と言った。

チャップリンはその時「とくに何も考えていなかった」が、「衣裳部屋に行くあいだに、ダブダブのズボン、大きな靴、ステッキ、そして山高帽をかぶるというアイディアが浮かんできた。わたしは、すべてをチグハグにしようと思った。ズボンはダブダブだが、コートは

〈放浪紳士チャーリー〉の誕生　© Roy Export S.A.S

パンパン。帽子は小さいが、靴は大きい」。そこに、セネットに若すぎると驚かれたことを思い出し、小さな口ひげをつけた。[2]

『チャップリン自伝』では、衣裳をつけメイクをすると、とたんにその人物になりきって、セットに立った時には、セネットに、「この男には多くの側面があります。浮浪者で紳士、詩人で夢想家。孤独な男で、いつもロマンスと冒険を期待しています」[2]と人物像を説明し始めた、としている。衣裳をつけた瞬間に、キャラクターが生まれたわけだ。

ただし、私たちがよく知るところの心優しい「放浪紳士チャーリー」の性格《キャラクター》が完成するにはもう少し時間がかかった。というのも、当時アメリカ映画で流行していた喜劇と、チャップリンが舞台で鍛え上げた喜劇の演技は、互いに相容《い》れないもので、そのせめぎあいの中

2　『チャップリン自伝　若き日々』、327-8頁。

で彼はキャラクターを育てていったからだ。

キーストン社は、間抜けな警官が雲霞《うんか》のごとく登場して追いかけっこをする「キーストン・コップス」のシリーズで人気を博していた。アメリカの広大な風景の中、人も車も入り乱れて、早いテンポでドタバタを繰り広げるコメディだ。

対して、ミュージック・ホールの少人数の舞台で観客の心をつかむ訓練を受けていたチャップリンは、個性こそが最高のものだという信念を持っていた。「追いかけっこなら自分じゃなくても誰でもできる」と言って、セネットらと衝突し、一時は解雇寸前までいった。しかし、ニューヨークにあったキーストン社の本社からの「チャップリン映画が大当たりしているから、もっと送れ」という電報で彼の運命は変わった。アメリカの観客は、それまで映画で見たことのなかった個性に熱狂したのだ。こうして、チャップリンはデビュー数週間にして人気者となり、みずから監督も務めて、映画スターへの階段をのぼっていく。

ただし、チャップリンは、ホールのやり方を頑固に押し通したわけではない。前述の通り、彼は早くから海外公演を経験し、地域によって笑いの嗜好に大きな差があることを知っていた。ユダヤ人キャラクターが登場する出し物を、ユダヤ人地区で演じてしまい、大失敗したこともあったし、初のニューヨーク公演でイギリスでは大受けの喜劇がアメリカ人にはまったく受けなかったという苦い経験もしていた。彼は、みずからの個性を大切にしながらも、映画界のやり方を貪欲に吸収して変容していった。

　本来、笑いの感覚は、地域や時代ごとに大きく異なるものだ。なのに、なぜチャップリンの笑いは国境や時代を超えたのか？　その秘密の一端は、何度も撮り直しを経て世界中が笑える演技を求めた彼の苦闘の中にある。

　残された膨大なＮＧフィルムを見ると、単純なシーンでも数十回撮り直していたことがわかる。注目すべきは、例えばテイク１では面白いギャグを２分ぐらい続けていたとしても、何度も撮り直して最終的にはそれが10秒に凝縮されるという点だ。最初に試したギャグがどれだけ面白くても、ストーリーやテーマに必要なければ容赦なくカットする。本質的に必要なギャグだけを残したわけだ。

　実は、ＮＧフィルムには、ヒューマニズムを基調としたチャップリンには似つかわしくない、性的なモチーフや人種差別的なギャグなども見られる。だが、何度も撮り直していくうちに、それらの安易なギャグや人を傷つける可能性のある笑いは慎重に除かれる。ここからわかることは、彼が初めから頭でっかちにヒューマニズムを描こうとしたのではなく、ただ世界中の人が心から笑えるギャグを求めて何度も撮り直すことでそれを体得したということだ。だからこそ、その力強いメッセージはいまだ人々の心に響く。

イギリスからアメリカへの移民たるチャップリンは、同時に19世紀・帝国主義・演劇から、20世紀・民主主義・映画への「移民」でもあった。移民だったチャップリンは、自分のルーツを保ちながらも、異なった価値観とも交流するしなやかさを持ちあわせていた。

こうして、デビューした１９１４年だけで少なくとも36本の作品に出演し、翌年にはエッサネイ社に移籍。週給は１５０ドルから１２５０ドルに跳ね上がった。その頃アメリカでは、映画館の前に「チャップリンはここにいます」と看板を出しただけで劇場が満席になった。エッサネイ社で14本の短編に監督・出演した後、その翌１９１６年にはミューチュアル社に引き抜かれ、週給1万ドル、ボーナスも合わせて年間67万ドル——現在の価値でいえば年収11億円という当時世界最高のサラリーをもらう映画俳優となった。

当時の世界的なチャップリン人気の凄まじさを列挙するのは容易《たやす》いが、ここでは本書のテーマの一つである「キャラクター」にまつわることを紹介しておきたい。

１９２１年に、チャップリンはそれまで誰も成し遂げなかったことを達成する——この年、彼にとっての初の長編喜劇映画『キッド』が、史上初めてほぼ同時期に世界中で公開され、大ヒットを記録したのだ。

彼の偉業は数多くあるが、歴史上初めて成し遂げたことといえば、「動いている姿が世界中に知られた初めての人物である」という点だ。

例えば、彼以前に世界中でもっとも知られていた人物の一人としてイエス・キリストをあげることができるだろう。キリストについては、あらゆる人が共通のイメージを持っている。ただし、それは同一の肖像ではないし、動く姿でもない。

映画の発明とともに、多くの人が「同一の、動いているイメージ」を共有できるようになった。その結果、「アメリカの映画スター」「日本の剣戟《けんげき》スター」など、それぞれの地域や国で広く知られる「スター」が誕生した。

しかし、チャップリンの人気は、世界共通フォーマットを持つ普遍的なメディア＝映画によって地球上すべてに行き渡った。その結果、「放浪紳士チャーリー」は、全世界の人々が単一のイメージを共有する最初の例となった。つまり、歴史上初めての〈世界的キャラクター〉となったのだ。映画の世界同時公開という現象は、インターネットなどによって世界中で同じ動画や情報を共有するメディアのあり方の先駆けでもある。チャップリンは、現代を形作る「イメージ」と「映像メディア」の世界を拓《ひら》いたパイオニアとなった。

＊ウォルトの少年時代

ディズニーの生い立ちは、チャップリンとはある意味で好対照をなしている。アメリカが世界の覇者となる20世紀の最初の年に、アイルランド移民で大工のイライアスとフローラ夫妻の四男として、本名ウォルター・ディズニーはまだ新興都市だったシカゴに生まれた。ちなみに、チャップリンのユダヤ人説と同様に、「ウォルトはスペインで出生して、スペイン移民の両親がイライアスに預けた」という珍説も存在するが、もちろんそんな事実はない。[3]

ディズニーが４歳の時、一家はミズーリ州のマーセリーンに引っ越した。父イライアスが、犯罪が激増する大都市シカゴの環境が子供に悪影響を及ぼすと思ったことと、彼の大工としての仕事がうまくいかず、心機一転農村に逃避したかったことなどがその理由だった。

父が３０００ドルで購入した農園は、近くにあった弟ロバートの農園の10分の１にも満たない広さだったが、それでも18万平方メートルあった。見渡す限りの緑の中、キツネやリスが走り様々な果物が実るマーセリーンに幼いディズニーは夢中になった。七人家族が快適に暮らせるように家族で力を合わせて家を増築したのも思い出深い経験になった。トム・ソーヤーばりに山や川の冒険に興じ、汽笛が聞こえると線路脇まで走って行って機関士だった伯父に手を振り、南北戦争経験者から手柄話を聞いては胸を躍らせた。休日には父の素人ヴァイオリンの演奏を家族で楽しみ、困った時には隣近所で助け合った。

「わたしの人生に影響を残すような出来事は、すべてマーセリーンで起きた」[4]と自身も述べている通り、〈アメリカの原風景〉とも言える中西部の田舎町で、自然や動植物と触れ合う楽しさ、家族や近隣との絆、そして開拓者精神を身につけた。そこに住んだのは実質５年間だけだったが、ディズニーはマーセリーンこそ自分のルーツだと公言していた。

しかし、父は農業経営に失敗してしまう。頑迷な彼は、うまくいかない人生のはけ口を社会運動に見出して突如「社会主義者」を標榜し、田舎町で急進派のレッテルを貼られた。

一家は１９１０年の春に逃げるようにカンザスシティへと移住し、新聞の販売権を買い取って生業とした。ディズニーは９歳から16歳までの多感な時期に、父のために新聞配達の仕

3　ちなみに、ディズニーという苗字はフランスのイシニー＝シュル＝メールからの移民の末裔であることを示している。チャップリンという苗字も元をたどればフランスの「シャプラン」で、また母方の祖先はアイルランド移民なので、両者ともにフランス、アイルランドに遠いルーツを持つという共通点がある。

4　Robert D. Feild, *The Art of Walt Disney* (New York: Macmillan, 1942), p. 23.

事を毎日手伝った。

ウォルトの回想によると、カンザスシティにやってきた頃には、父は息子たちに当たり散らして暴力を振るうようになり、子供たちの稼ぎもすべて取り上げた。二人の兄は早々に家を出て行き、一人ウォルトだけがその苦難に耐えた。

だが、妹のルースによると、イライアスはそこまでひどい父親ではなかったらしい。兄のロイも、しつけには厳しかったが、牧師が休暇の時は代わりを務めるようなまじめな人物だったと証言している。

実のところウォルトも、父が陰気で頑固になればなるほど自分は陽気になって、あえて父にいたずらを仕掛けたりして、怒りの反応さえも楽しんだ。周囲の者は、そんなディズニーに魅力を感じていた。日常の困難をユーモアに変えてしまうところは、チャップリンの幼少期とも通じる。

のちの回想でことさらに父をひどく描いた理由は、彼の語るストーリーに明確な悪役が欲しかったからではないだろうか。彼の「サクセス・ストーリー」のためには、理想郷としてのマーセリーンと、夢をつかめなかった頑迷な敗残者である父が必要だったのかもしれない。理想の夢と明確な悪役……この二つは、のちのディズニー映画の主要な装置となる。

いずれにせよ、チャップリンが、酒浸りの父のことも一度は幼い自分を捨てて他の男性のもとに走った母のことも素晴らしい両親として語り続けていたこととは対照的だ。

しかし、両者の家族関係については、極めて重要な共通点が存在する。それは兄との関係だ。

チャップリンは4歳上の異父兄シドニーを、ディズニーは8歳上の兄ロイを心から慕《した》っていた。それぞれの子供時代において、シドニーは船のラッパ手として、ロイは銀行員になって、彼らの弟を支えた。後年、二人の兄は有能なビジネスマンとなって、クリエイターの弟と二人三脚でエンターテインメントの世界を拓くことになる。チャールズもウォルトも、ビジネスマンの兄の存在なしにアーティストとして成功することはあり得なかった。そのことは、第4章で詳述しよう。

ともあれ、少年期のディズニーは努力の末に身を立てる〈アメリカン・ドリーム〉の精神を体得した。マーセリーンで体験した牧歌的な田園の理想と、カンザスシティで知った勤勉の尊さ——どちらも、のちのディズニー映画の基調となっていくのは言うまでもない。

終わりの見えない労苦の日々だったが、ディズニーは、「いつか俳優として成功したい」と夢を見ていた。

そして、彼の憧れの人とは、当時人気急上昇中だったチャーリー・チャップリンだった。

＊チャップリンに憧れて

どうやらエンターテイナーたちがみずからの才能を試す最初の劇場は、学校の教室らしい。チャップリンは、母が新聞販売店のウィンドウで見かけて書きとめた喜劇の一部『プリシラ嬢の猫』の朗読を、学校の友達に披露していたところ、先生が感心してみんなの前で演じるように勧め、翌日すべての教室をまわって全校が爆笑に包まれた。

同じようにディズニーは、5年生（12歳）の時に、ボール紙のシルクハットと父親の燕尾服をまとい、顎鬚をつけて、「人民の人民による人民のための政治」で有名なリンカーン大統領のゲティスバーグの演説を暗唱すると、それを気に入った校長に連れられて他の教室でも披露して喝采を浴びた。時は、リンカーンの誕生日である1914年2月12日。チャップリンが映画デビューした10日後に、ディズニーは小学校で初めてパフォーマンスを行なっていたことになる。

それから1年ほど経ったある日、地元のヴォードヴィル劇場で、ディズニーはチャップリン映画とチャップリンそっくりさんコンテストを初めて見た。当時デビュー2年目になっていたチャップリンは、前述の通り「チャップリンはここにいます」と映画館に放浪紳士チャーリーの絵看板を立てただけで劇場が満杯になるほどの人気急上昇の最中だった。

ディズニーは、瞬く間にチャップリンに夢中になった。

「来週、チャップリン・コンテストに出よう！」

父の不在中に部屋に忍び込み、ぶかぶかのスーツとズボンを盗んだ。父の仕事用の靴は大きすぎたが、それがチャップリンのおかしな歩き方にはちょうどいいと思った。靴ひもでタイを作り、台所のストーブの後ろについていた煤《すす》をつけて口ひげにした。山高帽は15セントで厚紙を買って作り、裏庭の楡《にれ》の木の枝を切ってステッキをこしらえた。

映画を繰り返し見て研究し、鏡の前で独特の歩き方を練習し、ステッキを振り回して鏡に微笑みかけた。

次の土曜日。地元のリアルト劇場には大勢の素人チャップリンが集まっていた。長い髪を山高帽の中に押し込んで、唇の上を黒く塗ってチョビ髭に仕立てた若い女性も何人かいた。

彼は舞台袖から様子をうかがった。他の参加者たちはせいぜいよちよち歩きをした後、帽子を取ってお辞儀をするぐらいだった。チャップリンの演技を完璧に覚えていたディズニーは、ステージに飛び出すと、まずわざと帽子を落としてそれを手で拾い上げようとするも、拾うより先に足が帽子を蹴ってしまう、というギャグを繰り返した。観客はギャグとその時の彼のおかしな表情に爆笑した。ついで、タバコを放り投げて後ろ足で蹴るチャップリンお得意の演技も披露。ディズニーは表面的な動きだけでなく、放浪紳士の内面をもつかんでいた。そんなわけで、彼は見事1等に輝き、賞金の2ドルを獲得した。それは当時の彼が他にやっていたどんな仕事よりも高い金額だった。

　こうしてディズニーは、チャップリン・コンテストで生まれて初めて賞金をもらった。彼のエンターテイナーとしてのキャリアの始まりは、画家やアニメーターではなく、「チャップリンの物真似芸」だったのだ。「私はチャップリンのすべてのギャグを真似した。彼の映画は、ただの一本も見逃したことはなかった。（略）チャップリンは私のアイドルだった。彼の喜劇、その繊細さ、あれやこれやに私は常に感嘆していた」[5]。以降、彼はチャップリンに憧れ続け、晩年に至るまで彼を師と仰ぐことになる。

　ところで、チャップリンは極貧の幼少期に食べ物のない家を逃れてしばしば近所の友人宅に入り浸っては食事にありついていたが、ディズニーも息の詰まる父のもとを避けて二軒隣のファイファー家によく遊びに行き、同じように食事にありついた。その家の息子ウォルト・ファイファーは、ディズニーとベントン小学校の同級生で、名前が同じこともあって意

リンカーン大統領に扮した「二人のウォルト」。右がディズニー
出典：エイミー・ブース・グリーン、ハワード・E・グリーン著、阿部清美訳『ウォルト・ディズニーの思い出』（竹書房）

気投合した。笑いと音楽の絶えない楽しいファイファー家で、夜遅くまで合唱をしたり寸劇を披露したりして、その間だけはディズニーは新聞配達の疲れも忘れるのだった。

やがて、ファイファーと「二人のウォルト」というコンビを組んで、芝居好きだったファイファーの父の演技指導を受けて稽古に励み、地域のコンテストに出場するようになった。「六人ほどの子供たちが舞台に並んでいた。私はステッキと手袋を使ってアドリブで演技をした。時々優勝して5ドルもらったり、2ドル50セントもらったり、また交通費だけもらえる時もあった[6]」。初期の出し物は、歌とジョークのスタンダップ・コメディ的なものだったようだ。

「二人のウォルト」でも、『チャップリンの伯爵』をもとにした寸劇「チャップリンと伯爵」

5　ピート・マーティンによるインタビュー。*“The Saturday Evening Post magazine”*（1956年6・7月号）。
6　*‘Mr. and Mrs. Disney’*［*“Ladies' Home Journal”*（1941年3月）、146頁］。

を創作。ファイファーは敵役の伯爵を演じたとのことなので、チャーリーの恋敵となる怪しげな伯爵役を演じたレオ・ホワイトを参考にしたのだろう。「わたしたちはチャップリンを真似して、だれよりも多くの拍手を得た」[7]。観客たちは小さな二人のコンビに拍手を送った。ディズニーは生涯の職業として俳優を真剣に目指した。「血の匂いに誘われるライオンのように演技に引きつけられた。演じることが好きだった！　拍手喝采を受けるのが好きだった。手渡される賞金が好きだった。舞台裏のえも言われぬ匂い、えも言われぬ光景が好きだった」[8]と舞台に夢中だった。

ある時、ヴォードヴィルのスカウトが見にきて、子役で国内巡業公演に参加しないかとの誘いがあった。ディズニーは両親に話すことができず、その話は流れてしまった。もし参加していたら、映画でのチャップリンとディズニーの共演が実現していただろうか。

しかし同時に、彼は当時の喝采の理由について、「なにせわたしたちは若かったし、二人組だったから」[6]と、彼らの芸が評価されたのではなく、まだ子供だった二人をみんなが面白がったからだと冷静に見ている。情熱だけでは成功しないということを、少年時代からわかっていたのだ。この冷徹さこそ、のちに彼がアーティストというよりもむしろプロデューサーとして成功を収めるために必要な資質だったと言えよう。

彼が俳優の次に夢中になったのは絵を描くことだった。マーセリーンにいた頃から、動植物や自然の風景を描くのが好きだった。素人ヴァイオリニストだった父は、息子を音楽家にしたいと思っていたので、彼の絵画への情熱は理解できなかった。しかし、理解されなければされないほど、ディズニーは絵画にのめり込んでいった。辛い日常から逃避できる自分だけの世界が必要だったのだ。

教科書の端っこのパラパラ漫画で友達を笑わせ、やがて校内のポスターや地元のアグネス劇場の宣伝用漫画を頼まれるようになり、近所の理髪店での散髪代金のかわりに絵を描いた。14歳の時にカンザスシティ美術学院の土曜クラスに通い始め、そこで彫刻と鋳造《ちゅうぞう》も学んだことはのちのアニメーションにおける造形に役立つことになる。

１９１７年６月に８年制ベントン小学校を卒業した。校長が卒業証書とともにディズニーの描いた漫画に７ドルの賞金を授与したことを、彼は終生誇りにしていた。

〈チャップリン・クレイズ（チャップリン狂）〉と呼ばれる熱狂が世界を覆った頃、多感な

7　*Walt Disney: An Intimate History of the Man and his Magic*, CD-ROM, Pantheon Productions, 1998.

8　Walt Disney, *Autobiography* (unpub, 1934), pp.12-13.

少年ディズニーも彼に夢中になり、彼を模倣してエンターテインメントの世界に憧れ、クリエイターとしての礎を築きつつあった。——むろん、チャップリンが拓いたメディアとキャラクターの世界において、のちにみずからがその覇者になるとは知る由もなかった。

＊チャーリーのキャラクターの確立と第一次世界大戦

ディズニーが学校を卒業した頃、チャップリンもある「卒業」を経験する。

当時、彼はミューチュアル社で世界最高のサラリーをもらう映画人として専用のスタジオをあてがわれるという理想的な環境にいた。が、その完璧主義をまっとうし納得のいく作品を撮るためには、完全な独立が必要だった。こうして、会社からの契約更新の申し出を断って、自前の撮影所「チャップリン撮影所」を建設。雇われの映画スターから卒業し、独立して完全なる創作の自由を手にいれた。

１９１８年１月５日、自前の撮影所での第１作として、チャップリンは満を持して『犬の生活』にとりかかる。チャーリーは、職業安定所に行っても仕事にありつけず、野良犬と一緒に寒い中路上で寝ている浮浪者だ。空腹に耐えかね、生きて行くために最低限の悪事をはたらくも、警官に見つかってしまう。弱者の象徴である小さなチャーリーと権力の象徴である大柄な警官のいたちごっこに、民衆のささやかな抵抗を描いた。浮浪者チャーリーと野良犬、そしてキャバレーで虐《しいた》げられている薄幸の少女という、社会の底辺にいる三者が力を合わせて生きて行く様は大衆の共感を呼んだ。

この作品において、こんにちでも誰もが「チャップリン」といえば思い浮かべる、あの心優しい放浪紳士チャーリーのキャラクターが完成を見た。

フランスの映画批評のパイオニアであるルイ・デリュックは、本作を「シネマの初めての完全なる芸術作品」と呼び、当時尊敬されていた舞台女優ミニー・マダン・フィスクが「チャーリー・チャップリンの芸術」という文章を発表するなど、その芸術性が高く評価され始めたきっかけともなった。チャップリンは、見世物に過ぎないと思われていた映画を、芸術へと高めた人物であるとみなされた。

さて、この頃、１９１７年から18年にかけての時期は、アメリカの歴史上の転換点でもあった。外国の戦争には介入しないという「孤立主義」を守ってきたアメリカが、１９１７年4月に、ヨーロッパを舞台とした第一次世界大戦に参戦したのだった。

第一次大戦に対する、チャップリンとディズニーの反応は対照的で、それぞれの終生変わらぬ戦争観をあらわしている。順に見ていこう。

　１８８９年に生まれたチャップリンの記憶の中の最初の戦争は、第二次ボーア戦争だ。幼いチャーリーは、「愛国的な歌や寄席の寸劇、タバコのパッケージに印刷された将軍たちの肖像画をとおして」戦争のことを知った。敵のことはひどい扱い、戦況に一喜一憂し、否が応でも国民の帝国意識は高まっていく。そして、イギリス軍がなんとか勝った時のことを、チャップリンは母以外のみんなから聞かされた。母は、戦争のことは何も口にしなかった。「母には戦うべき自分のいくさがあったのである」[9]。国中が愛国心に染まり戦争を煽る中、チャップリン親子はみずからの貧苦の現実と闘っていた。そして、その闘いを支えたのは舞台女優だった母がくれたユーモアに満ちた笑いだった。この幼少時代の体験は、チャップリンの人生を貫く戦争観となる。

　第一次大戦は、チャップリンが世界的人物となってから最初に起こった大戦争だが、彼はさっそくこの戦争に巻き込まれた。ある新聞社がチャップリンの伝記を無許可で出版しようとしたので、彼は抗議して出版を差し止めた。ところが、新聞社は儲け話を差し止められた腹いせに、「チャップリンは兵役拒否をしている」と虚偽の誹謗中傷キャンペーンを張った。イギリス政府も「兵役拒否の事実はない」と声明を出したが、新聞のキャンペーンはやまず、脅迫の手紙が舞い込むようになったため、チャップリンは志願して徴兵事務所に行った。健康診断を受けたところ、体重不足で兵役不適格となり、ようやく騒動は収まった。

むろん、このような心ない中傷は、実際に戦場で戦う兵士たちからは、まったくなされなかった。前線基地でのチャップリン映画上映会は、兵士たちの一番の楽しみで、「シャルロ（チャーリーのフランスでの愛称）を見たか?」が戦場での合い言葉だった。野戦病院の医師たちは、重傷の兵士に生きる望みを与えるために、チャップリンの直筆サインを求めてきた。陸軍病院では寝たきりの兵士のために、床に映写機を置いて、天井にチャップリン映画を映した。チャップリンを見て笑っている間は兵士たちも傷の痛みを忘れるのだ。

ともあれ、これ以上の中傷を避けるためにも、チャップリンはアメリカ政府からの強い要請に応じて、戦時公債募集キャンペーンに協力し、公債販売促進のために依頼された『公債』（1918年）を製作。『公債』は対独キャンペーンにもかかわらず、美術はドイツ表現主義風で、戦争を憎んでもドイツの芸術への尊敬を忘れないチャップリンの姿勢がうかがえる。また、戦場の兵士の悲哀をリアルに描いた、史上初めての厭戦映画『担へ銃』（191

9　『チャップリン自伝　若き日々』、116頁。

８年）を公開し、大ヒットした。

＊ディズニーと第一次大戦

一方、ディズニーはどのように第一次大戦に関わったのだろうか？

ディズニーが卒業した頃に、父はまたもや転職し、シカゴに舞い戻っていた。ディズニーは夏の間だけカンザスシティにいて列車の車内販売員として働いた。機関士を務めていた伯父の列車が通ることを楽しみにしていたマーセリーン時代以来、彼は大の鉄道好きだった。機関士を噛みタバコで買収して機関車の中に潜り込んだこともあった。自然への愛着とともに、広大な景色の中を走る機関車への興味もまた後年のディズニー作品やディズニーランドに影響を与えることになる。（そして、いずれもアメリカ的な風景であり、ロンドンの下町で育ったチャップリンの作品には大自然も機関車もあまり登場しない。）

列車で過ごした楽しい夏も終わり、１９１７年９月に両親の住むシカゴに移り、ウィリアム・マッキンリー・ハイスクールに入学した。しかし、勉強よりも絵に熱中し、夜はシカゴ美術学院夜間部に通った。ハイスクールの校内誌に連載した風刺画が評判を呼び、風刺漫画家のルロイ・ゴゼットの教えを乞うこともできた。

第一次大戦の真っ只中でもあり、校内誌に寄稿した漫画の多くで戦争をテーマに据えた。その中の一つは、兵役忌避者を痛烈に攻撃する風刺画で、そこには「夏休みには、労働するか、戦うか。それともその両方するか」とのキャプションが添えられていた。貧苦とのリアルな闘いを知っていたチャップリンが「兵役忌避者」と謂われなき中傷を受けて苦しんでいた時、戦争を知らない高校生ディズニーは、愛国熱に浮かされて戦争を煽る漫画を無邪気に描き続けていた。

当時、ディズニーにはベアトリス・コノバーというガール・フレンドもできて、幸せな高校生活を送っていたが、俳優を諦めきれずに受けた劇団のオーディションにも落ちて、どこか満たされない思いだった。結局、ハイスクールには1年ほど通った後、１９１８年夏に中退した。在学中に郵便局の仕事で貯めたお金で、「カヌーを買いましょう」という恋人の意見を無視して映像のカメラを買い、家の裏でチャップリンの演技をしているところを映像におさめた。

「兄の野望はもう一人のチャーリー・チャップリンになることでした」と妹のルースは回想する。「だぶだぶのズボンに山高帽、汚れた靴にステッキで、小道を行ったり来たりするところを、友達の一人にカメラで撮影させていました[10]」。

ディズニーは実写映画の監督・俳優を目指して、子供向け映画を企画していたが、ローンが払えず肝心のカメラを手放すことになってしまった。

ディズニーは途方にくれた。もう一人のチャップリンになりたいと思っても、夢のまた夢だ。だからと言って、もう学校にも戻りたくない。

そんな鬱屈《うつくつ》の最中、すでに海軍に入っていた兄のロイの水兵姿にウォルトの愛国熱はさらに高まり、その後戦線に赴《おもむ》いたロイからの手紙でまだ見ぬヨーロッパに憧れを抱いた。しかし、兵役に就くには若すぎたため、代わりに赤十字の救援部隊に志願し、年齢を1歳ごまかして、1918年9月16日になんとか採用された。兵隊でなくてもいい、とにかく戦場に行きたかったのだ。

ところが、フランスに出発する直前にディズニーはインフルエンザにかかってしまい、3週間寝込んでいるうちに部隊は出発してしまった。ようやく回復して11月4日にキャンプに復帰した1週間後に、ドイツと連合軍との間に休戦協定が調印され、戦争は終わった。

誰もが戦勝を祝う中、ディズニーは一人悲しんでいた。しかし、この時は運に恵まれ、終戦処理のためにフランスに送られる50人の中に選抜されることになった。ヨーロッパ行きの船でシェルブールに着いたのは11月30日のこと。それまでアメリカ中西部から出たことのなかった彼にとって、フランス行きは大きな冒険だった。現地では、主に救急車の運転やアメリカ兵の食堂の手伝いなどの任務にあたり、将軍たちとの交流を楽しんだ。

ディズニーは、フランスでの業務の合間にも風刺画を描き、高校時代の校内誌に送っていた。冗談で制服の上にフランスの勲章を描いたり、ヘルメットに迷彩を施したりしたことが話題になり、仲間に頼まれては描いて小銭を稼いだこともあった。

数ヶ月間のフランス滞在で芸術の国の雰囲気を味わったことは、画家を目指すディズニーにとって刺激となった。この時に親しく触れたヨーロッパの異国情緒は、のちのアニメーションの作品世界に大きな影響を及ぼした。

しかし、半年ほどで激しいホームシックにかかって、アメリカに帰りたくなった。戦場に行きたいという気持ちが萎えたのか、それとも戦後処理の業務の最中に、現地住民から敵意の目を向けられることに嫌気がさしたのか。ともあれ、１９１９年８月７日に帰国願いを出し、９月末にはフランスを出航して１９１９年10月９日にニューヨーク港に到着した。

ディズニーは一刻も早くシカゴに帰りたかった。情熱的な手紙をやりとりしていたベアト

---

10 *"Silver Screen Magazine"*（１９３２年11月）。

リスにも会いたかったし、別の友人とは帰国次第ヨットで冒険しようと約束していた。船が着いた翌日の10月10日に下船し、その日のうちに列車でシカゴに向かうことにした。そのスケジュールからも、彼のはやる気持ちが見て取れる。

しかし、ディズニーには、故郷に急ぐことや恋人に会いたい気持ちよりも、もっと抑えられない衝動があった。

10月10日に下船した後、ディズニーは駅には向かわずに、ブロードウェイに出て、とるものもとりあえず映画館に駆け込む。そこで、フランス滞在中にアメリカで公開されていて見られなかったチャップリンの新作『担へ銃』と『サニーサイド』(1919年)の2本を見た。ディズニーにとって、チャップリンこそ、故郷や恋人・友人よりも、真っ先に会いたい人だったのだ。

ディズニーは、帰国早々に憧れの人に再会して、大いに満足した。そして日記には、「チャップリンの新作を2本見ることができて、良かった」とだけ記して、シカゴへと向かった。

極貧の生活から抜け出して、19世紀・大英帝国・演劇から20世紀・アメリカ・映画に移民して、大スターになったチャールズ・チャップリン。

そのチャップリンに憧れて、中西部の古き良き田園の思い出を胸に、絵筆でアメリカン・ドリームを描こうと夢見るウォルト・ディズニー。

いよいよ、ローリング・トゥエンティーズと呼ばれる1920年代のアメリカ黄金時代において、二人の大航海が始まろうとしていた。

第2章　キャラクターの権利の発明者チャップリン

＊映画の著作権――『カルメン』裁判

１００年以上前に生まれた「放浪紳士チャーリー」のキャラクター。それが時代や国境を超えて愛されている理由については、弱者の代表である放浪者への大衆の共感、何度も撮り直した完璧主義者による卓越した身体芸、残酷なまでに冷徹なリアリティに裏打ちされたヒューマニズムやいつの時代にも響く社会風刺など、様々な観点からこれまでも盛んに論じられてきた。

しかしながら、キャラクターを成立せしめた「制度」面については、従来顧みられることはなかった。ここでは、かの永遠のキャラクターの成立について、法律とビジネスの観点から探ってみたい。

映画が誕生したのは、１８９５年12月28日のこと。その日、パリのグラン・カフェでリュミエール兄弟は映画を初めて上映する。当初は、「動く絵を見せる」という珍しい見世物として扱われていたこともあり、また基本的に著作物とは「紙に書かれたもの」という認識だったので、映画作品には著作権はなかった。アメリカでは、１９１２年までは、著作権を申請するために映像を紙に転写してペーパー・プリントとして議会図書館におさめていた。（このおかげで、当時可燃性だったフィルムの多くが失われたのに対して、紙に転写されたものは長く保存され、散逸を免れた。）

ようやく映画が著作物として認められるようになってからも、初期は様々な著作権トラブルがあった。チャップリンもそんなトラブルに見舞われた一人だ。

前述の通り、チャップリンはデビュー1年目の途中から監督・脚本を担当した。デビュー2年目のエッサネイ社への移籍以降、すべての作品で監督・脚本・主演を兼ねて、映画のタイトル画面に「フィーチュアリング　チャーリー・チャップリン」とクレジットされるようになった。作品に名前が大きく書かれたのは、圧倒的な人気の反映であることはもちろんだが、「自分の作品だ」という自負も込められていた。

エッサネイとの1年契約が終わりに近づいた頃、より良い条件を求めて、ミューチュアル社と当時世界最高のサラリーで契約をしたのは前述の通りだ。

彼は、エッサネイでの最後の作品として『チャップリンのカルメン』を作ったのだが、退社後に大きなトラブルが持ち上がる。大スターを失ったエッサネイは、少しでも利益を出すために、本来2巻もの（20分強）として作られた『カルメン』に、チャップリンがカットしたシーンを足して、さらに共演俳優のレオ・ホワイトを監督に立てて追加撮影を行ない、４巻ものの中編として１９１６年４月22日に公開したのだ。

彼はこの報《しら》せを聞いて、ショックのあまり2日間寝込んでしまった。どれだけ面白いギャグでもストーリーやテーマに関係がなければカットした完璧主義者の作品が、目先の利益を求めたエッサネイの水増し編集で、冗長で間延びしたものになっていた。チャップリンは裁判を起こし、彼は作品を承認していないこと、作者としての権利が侵害されたこと、この作品は大衆に対する詐欺行為であること、彼の演じる役が歪められていること、そして彼がこの作品によって損害を被ることを主張し、『カルメン』配給の差し止めを求めた。

チャップリンの訴えは、こんにちの観点からすれば至極まっとうなものだ。作者・俳優としての意図を歪められたことに憤り、その結果大衆への詐欺行為になっているという主張からは、クリエイターとして自己を貫くことと観客が求めることとを究極的に一致させるという彼の考えがうかがえる。

対して、エッサネイ社は、「チャップリンの作品の出来が悪かったので、私たちが再編集した。この作品がヒットしたという事実は、私たちが正しかったことを証明している」とめちゃくちゃな主張を展開した。

１９１６年５月22日に判決がくだされ、なんとエッサネイ側の勝訴に終わった。ニューヨーク州最高裁判所のホッチキス判事による判決理由は驚くべきものだった。「原告（チャップリン）がこの作品によって何らかの損害を被るとは考えにくい。それに対して、被告（エッサネイ社）は配給禁止命令によって間違いなく損害を被ることになる」。つまり、「作者の意図と権利」「観客への思い」をまったく顧みず、改ざんした配給会社の身勝手な主張を認めたのだ。

チャップリン側の弁護士ネイサン・バーカンは最高裁に訴えて10万ドルの賠償を求めると発言したが、逆にエッサネイ社は契約中に約束していた製作本数よりもチャップリンが実際作った作品が５本足りなかったことを理由に、「１本あたり12万５０００ドルの利益が見込めたはずだ」と50万ドルの損失回収を要求した。

そればかりではなく、エッサネイはチャップリン退社３年後にも、彼がエッサネイ時代に製作しようとしていて未完に終わっていた『Ｌｉｆｅ』という作品の一部に、『チャップリンの改悟』の一部、そしてまたもやレオ・ホワイトによる追加撮影を加えて強引に１本の短編を作り、「三重苦」というよくわからないタイトルをつけて（邦題は『三つ巴作戦』で、輪をかけて意味不明だ）公開した。すでに『カルメン』の一件で心を痛めていたチャップリンは、この時はもはや訴えることもしなかった。

エッサネイ社の強欲ぶりは度を越していて、のちには１９２１年の『キッド』の配給権まで要求し、兄シドニーがそれを断ると、今度は精神を病んで施設にいたままの母ハンナの入院費用を一度立て替えたことを「スキャンダル」として表沙汰にするぞと脅迫してきた。

この一件で、チャップリンは興行の利益だけではなく作家の良心と権利を、ひいては観客の楽しみを守るために、すべての著作権をわがものにする必要があることを痛感した。こうして前述の通り、ミューチュアル社から独立し、自前の撮影所を建設した。会社の庇護や金銭的条件よりも、自作の著作権を優先したわけだ。これは、高いギャラなどの好条件を求めて移籍を繰り返し、自作の権利には考えも及ばなかった当時の他の映画人にはない発想だった。それ以降は出資・製作・監督・脚本・主演、さらには音楽の作曲まで一人でこなすという究極のワンマンを貫いた。

現在も、１９１８年以降のチャップリンの作品の著作権は、チャップリン家の会社 Roy Export 社が保有している。[1] １００年前の作品群はいまだ利益を生み、新しいファンを獲得し続けている。時代を超える命を持ち得たのは、作品の素晴らしさが第一の理由だが、著作権管理の徹底も重要な一因であろう。著作権トラブルによって、その大切さを知ったチャップリンは、裁判を通して映画の著作権確立に一役買った。そして、彼の考えは、のちに正しくディズニーに受け継がれることになる。

＊「偽チャップリン」たち

作品の権利である著作権とは別に、映画には未知の権利があった。映画に登場するキャラクターの権利である。１９１７年の雑誌「モーション・ピクチャー・ワールド」では、この問題が取り上げられ、俳優のキャラクターにわざと似せる演技やそのグッズ販売を禁止する法律が整備されていないことが議論された。山高帽にチョビ髭の放浪紳士のキャラクターで世界的な人気を得たチャップリンは、この問題に初めて直面した俳優となった。

人気の急上昇とともに、放浪紳士チャーリーの模倣者が次々と現れた。すでに１９１５年の時点で、エッサネイ社は映画館に「あなたはチャップリンかそれとも偽物か、どちらを上

1　映画の著作権も映像がデジタル修復されるなどした際に更新されて現在まで存続している他、音楽の著作権、後述する肖像権、商品化権、また「チャップリン」という言葉が商標登録されるなど、チャップリンにまつわる諸権利は遺族によって管理されている。

映していますか？」という広告を出したほどだった。

チャップリンは彼の物真似をすべて禁止したわけではない。少年期のディズニーが参加したような物真似コンテストは禁じていないし、映画公開の際にたくさんのそっくりさんを集めて宣伝キャンペーンをしたこともある。（ちなみに、「チャップリンは自分の物真似コンテストに出場したが優勝できなかった」とのエピソードが流布《るふ》されているが、それは事実ではない。親友で女優のメアリー・ピックフォードが語った冗談がもとだと言われている。）

問題は、チャップリン出演作に見せかけて商売をする「偽チャップリン」による映画作品だった。

これら「偽チャップリン」の中で、もっとも成功した俳優は、ビリー・ウェストだ。その物真似は徹底しており、天然の巻き毛だったチャップリンに似せるために寝る時には髪をカールし、ヴァイオリンを左利きで練習した。１９１７～18年に「キング・ビー・コメディーズ」なるシリーズで映画を作り始め、約50本の短編映画に出演した。

彼は、チャーリーの扮装や仕草のみならず、脇役の人物設定やストーリー、果てにはキャッチフレーズまでコピーし、チャップリンの「世界で一番面白い男（'The Funniest Man in the World'）」に対して、ウェストは、「地球で一番面白い男（'The Funniest Man on

Earth")」と名乗った。チャップリン映画の巨漢の敵役エリック・キャンベルに体型がよく似たオリヴァー・ハーディ（のちにスタン・ローレルと組んで「ローレル＆ハーディ」として有名になる）を出演させ、さらにややこしいことに、チャップリンの実際の共演者であったレオ・ホワイトまで出演している。クロース・アップになった時に、チャーリーよりも、ウェストは顔が四角いという見分け方があるものの、その完全なコピーぶりからしばしば「チャップリンの未発表初期映画」に間違われ、１９８０年代にはヨーロッパで幻のチャップリン映画としてテレビ放映されたこともあった。

　カーノー劇団におけるチャップリンの先輩だったビリー・リッチーものちに映画界入りしてチャーリーのキャラクターをコピーした一人だ。彼は、劇団時代のチャップリンの当たり役となった寸劇『マミング・バーズ』の酔っぱらい役を初めて演じた人物でもある。１９０５年に渡米してヴォードヴィルの舞台で酔っぱらい役を専門に8年間活躍するが、１９１４年7月にキーストン社から独立してＬ‐ＫＯ社を設立したばかりのヘンリー・レアマン監督と知り合う。レアマンはチャップリンのデビュー作の監督だが、チャップリンとはウマが合わなかった。それでもチャップリンの商品価値を知っていたレアマンは、リッチーに放浪紳士チャーリーと同じ扮装をさせて映画を製作した。

チャーリーとは、キャラクターの点では大きく異なっており、例えば、映画の中で警察官がリッチーを棍棒で叩いても、リッチーはまったく痛くない様子で、気づいてすらいない、といったギャグを得意とした。しかし、警官に殴られても痛くなかったのにもかかわらず、リッチーは映画撮影中の１９２１年に、ダチョウに激突したのが原因で死亡する。

同じくカーノー劇団の先輩のフレッド・キッチン、さらには後輩のスタン・ローレルもチャーリーの模倣をしていたし、のちにサイレント映画三大喜劇王の一人に数えられるハロルド・ロイドは、チャーリーの模倣キャラクター「ロンサム・リューク」として映画デビューしている。アメリカ以外の国では、フランスのアンドレ・セシャン演じる「ムシュー・ジャック」や、ドイツのチャーリー・カップリン、ロシアのアルカディ・ボイトラー、メキシコのチャーリー・アップリン、日本でも「和製チャップリン」と呼ばれた小倉繁など、「偽チャップリン」は世界中に見られた。

*「偽チャップリン」禁止裁判と世界初のキャラクター・ビジネス

１９１７年11月に、チャップリンはこれら偽チャップリンたちを相手に訴訟を起こした。「チャップリンの模倣を将来にわたって禁止すること」「チャップリンの出演作に見せかけた作品の上映禁止」「総額25万ドルの損害賠償」を求めたものだった。

　これは前代未聞の裁判だった。考えようによれば、俳優がどこに髭をつけようが勝手とも言えるのだが、チャップリン側はチョビ髭に山高帽などの扮装を彼の「おなじみの扮装（文書にもそう書かれている）」として、それを他の俳優たちがチャップリンに見せかけて着用することを「将来にわたって禁止する」よう求めたわけだ。

　そして、この裁判でチャップリン側は全面勝訴する。

　判決の前に、非を認めて和解した者もいたようで、例えば被告となった「ビッグ・A・フィルム・カンパニー」のネイサン・ドラプキンという俳優は、『チャップリン出演のラミー・ナフスからの転落』など3本の作品を公開していたが、チャップリン側は、それら偽チャップリン作品の製作・公開の禁止、再編集、「おなじみの扮装」を使っての宣伝、すでに作った作品の廃棄を求め、同年12月8日付で被告が同意した文書が残っている。

　法廷でチャップリンは勝訴したが、その後も偽チャップリンたちは現れては消えた。中にはビリー・リッチーのように、「私は１８８７年からこのコスチュームを着ている」と「優先権」を主張した者もいた。（ちなみに彼は１８７４年生まれなので、13歳からヒゲをつけていたと主張していたことになる。）

最終的に、チャップリンのおなじみの扮装の物真似が減っていった理由は、偽者たちが扮装は容易すく真似できても、放浪紳士のキャラクターの性格づけや作品の内容までは真似できないという理由だった。ニューヨークの映画館クリスタル・シネマでは、10年以上にわたってチャップリン映画だけを専門に上映していたが、ある時偽チャップリンの作品に変えたところ、観客動員が激減したので、すぐに本物のチャップリン作品に戻した。当然のことながら、観客は「チョビ髭」などの外見を求めていたのではなく、作品内容を求めていたのだ。ともあれ、「偽チャップリン」訴訟は、「キャラクターの権利」という新しい権利を確立した画期的な裁判となった。

この判決は単に一人のスターが自作や自分のキャラクターの権利を確保したことにとどまらなかった。それまでも人気者が現れると便乗商品のような形でグッズが販売されていたが、映画スターのキャラクターの権利に法的根拠ができたおかげで、それまで曖昧だった知的財産権が明確化され、現代では巨大産業となっているキャラクター・ビジネスがこの時初めてシステム化された。史上初の世界的キャラクターを生み出したチャップリンは、それに法的な根拠を与え、新しい知的財産の概念を生んだ人物ともなったのだ。

チャップリン家の資料庫には、こうしたグッズ・ライセンスの契約書が今も残っている。

ごく初期のものは、１９１７年に契約が交わされたイースター・エッグのデザインにチャップリンの顔をあしらうグッズだ。これは、「パーズ・ダイ・カンパニー」という会社にライセンス契約を与えたもので、「シドニー・チャップリンの許可による」と記されている。

その後、放浪紳士をあしらった人形、ポストカード、ノート、菓子類からコップや歯磨き粉に至るまで、様々なチャップリン・グッズが発売され、ちまたにチャップリンのイメージがあふれることで、なお一層その人気に拍車がかかった。

最初期のチャップリン・グッズ。イースター・エッグのデザインにチャップリンをあしらうもの　Copyright © Roy Export Co Ltd. Archives digitised by Cineteca di Bologna.

チャップリンは、何度も撮り直すことで納得のいく作品を世に出す芸術的自由と、資金的に他に依存しない経済的自立、そして作品やキャラクターにまつわる法的権利を獲得した。集団で作り上げる映画において、この三つをみずからのものとしたのは、チャップリンが初めてであった。

実は、これらの点において対照的とも言えるのが、バスター・キートンだった。1920年代に人気を博したキートンは自分専用のスタジオ（もともと、チャップリンがミューチュアル時代に使っていたもの）で映画製作をしていた。だが、1928年にMGMに移籍する。相談を受けたチャップリンは、移籍を思いとどまるようにキートンを説得しようとしたが、かなわなかった。浪費家の妻のために豪勢な暮らしをして、自身も酒好きだったため、大手映画会社MGMから提示された給料が魅力的に映ったのだ。

こうして芸術的自由を捨ててMGMに移籍したものの、慣れ親しんだスタッフとは離れ、会社が作品をコントロールすることで彼の個性は発揮できなくなり、せっかくの人気もみるみるうちに下降していき、移籍後数年ですっかり過去の人になってしまった。キートンはこの移籍を生涯悔やむこととなる。権利を失ったことでマスターネガなども散逸し、現在でも完全な形で見られない作品が多い。

対して、チャップリンは今も作品の権利と商品化権を保有し、その収益で何度も映画が修復されて、今も最良の状態で見ることができる。芸術的自由と同時に、作品の権利の大切さに早くから気づいていたのは、彼の先見の明だった。

そして、そのこともまた、ウォルト・ディズニーに受け継がれることになる。

＊チャップリンの１９２０年代

１９２０年代はアメリカの黄金時代だった。

第一次世界大戦でヨーロッパは荒廃した。負けた側のドイツはもちろん、勝ったイギリスやフランスも国力を大きく落とした。

しかし、直接の戦場にならなかったアメリカは未曽有の好景気を享受した。政治的にも経済的にも、覇権はアメリカに移り、しかもまだ若い国のエネルギーに満ちて、ジャズやミュージカルなどの新しい文化が勃興した。運と才能で夢をかなえることができる、アメリカン・ドリームの時代だ。

１９２０年代のアメリカを体現する三人とは、野球で大活躍したベーブ・ルース、大西洋単独横断飛行に成功したリンドバーグ、そしてチャップリンだった。

この時期のチャップリンは、絶大な人気を誇る映画スターから、歴史に名を残す芸術家の、誰も到達したことのない高みへの階段をのぼっていった。前述した通り、１９１８年に『犬の生活』で心優しい放浪紳士のイメージを確立した彼は、１９２１年に初の長編となる『キッド』を発表。チャーリーと捨て子との、実の親子を超える情愛を描いて、世界的なヒットとなった。男手一つで育て上げたジャッキー・クーガン演じる愛くるしいキッドが、孤児院の役人に無理やり連れていかれそうになる名場面は、それが自身の体験に基づいているからこそ涙を誘う。「ほほえみと、おそらくは一粒の涙の映画」という冒頭の字幕の通り、笑いだけでなくペーソスを取り入れて、チャップリンのスタイルを確固たるものにした。

次に、チャップリンは野心的なプロジェクトに乗り出す。

　すでに、１９１９年に、スターをただの商品として扱うメジャー映画会社に対抗してアーティストの自由を守るために、チャップリン、アクション・スターのダグラス・フェアバンクス、「アメリカの恋人」と呼ばれた女優メアリー・ピックフォード、そして「アメリカ映画の父」の異名を取る名監督Ｄ・Ｗ・グリフィスの四人は、自分たちの配給会社ユナイテッド・アーティスツ（ＵＡ）を設立していた。そのＵＡでの第１作として、チャップリンは『巴里の女性』（１９２３年）を発表した。これは喜劇映画ではなく、男女の悲恋を描いたメロドラマで、チャップリンは監督に徹した。

　この作品において、チャップリンは先鋭的な映像演出技法を駆使した。例えば、傷心の女のもとに列車が到着する様子を、窓の光の動きだけで表現するなど、男女の心理の機微を光と影だけで描ききった。だが、その芸術性については絶賛されたが、映画はヒットしなかった。観客はチョビ髭のチャーリーの出るコメディを求めていたのだ。

そこで、チャップリンは『キッド』のコメディと、『巴里の女性』のドラマを超える叙事詩を構想することになる。彼が新しいコメディの題材にしたのは、ゴールド・ラッシュの時に黄金を求めて雪山に挑んだ採掘者たちの過酷な運命だった。

チャップリンは『自伝』でこう語っている。「矛盾するようだが、コメディーの制作では、悲劇がかえって笑いの精神を刺激してくれる。おそらく、笑い飛ばすという行為が反逆精神を示すからだろう。自然の威力に直面して無力感に襲われたときには、笑い飛ばすしかないのだ——でなければ、きっと気がおかしくなってしまうに違いない[2]」。ここに悲劇と喜劇の逆説を総合する名作『黄金狂時代』（1925年）の着想を得た。

ゴールド・ラッシュに沸くアラスカに一攫千金《いっかくせんきん》を求めてやってきた放浪紳士チャーリー。厳しい自然を前にした人間の無力さ、黄金を求める欲望、飢えとの闘い、そして憧れの女性への恋。空腹に耐えかねて靴を食べるシーンや、ロールパンのダンス、断崖絶壁で揺れる山小屋など、映画史上に輝く数々の名場面で、白い雪山を背景に究極の身体芸を余すことなく

2　『チャップリン自伝　栄光と波瀾の日々』、279頁。

見せた。

続く『サーカス』（1928年）は、チャーリーがスリと間違われて警官に追われ、サーカス団に迷い込んで、いつの間にか花形の道化となってしまうコメディだ。チャーリーは、ブランコ乗りの少女に恋をするが、彼女は綱渡り師に思いを寄せていた。そこで、チャーリーは少女の気を引くために、危険な綱渡りに挑戦する。

ライオンの檻に閉じ込められるシーンから、高所での綱渡りシーンまで、命がけのギャグはすべてスタントなし。チャップリン随一の爆笑作にして、愛する人のために奮闘し身をひくチャーリーのほろ苦い哀愁も描く。スラップスティック喜劇の集大成として高く評価され、第1回アカデミー賞特別賞を受賞した。


1920年代、アメリカは世界の中心となり、チャップリンは映画スターという枠を超えて、世界的な芸術家へとなっていき、若き国家アメリカの夢を体現した。

同時に、チャップリンは、キャラクターの法的権利を確立し、新たな知的財産を開拓した。チャップリンが見出した権利は、ディズニーをはじめ多くのクリエイターたちに大きな影響を及ぼし、現代において巨大産業となったキャラクター・ビジネス興隆の礎となった。

第3章　ミッキーマウスの誕生　モデルはチャップリン

＊俳優から画家へ

前章で１９２０年代のチャップリンについて見てきたが、彼が世界的な芸術家となっていった頃、ディズニーはどのような人生を歩んでいたのだろうか？

ディズニーがフランスから帰国してシカゴに戻ると、父は息子のためにゼリー工場での就職口を用意していた。しかし、もはや父の意見に従うつもりはなかった。一つの夢も叶えられずに不満ばかり溜め込んで鬱屈した人生を歩む父のようにはなりたくなかったのだ。

絵で食べていくことを目指して、親元を離れ、頼れる兄ロイのいるカンザスシティへと向かった。ロイは、彼の同僚の友人で、広告美術の店を営んでいたペスメンとルビンという二人を紹介してくれた。

店の採用試験として、ディズニーは自分の名前のレタリング文字を描いた。ウォルター・ディズニー、Ｗ・Ｅ・ディズニー、ウォルター・イライアス・ディズニー……この四つの中で「どれが一番いい？」とディズニーは１ヶ月先に入社していた同い年の若者に聞いてみた。彼は「ウォルト・ディズニーだな」と答えた。ディズニーも同じ考えだった。

彼こそ、ウッベ・エルト・イヴェルクス（Ubbe Eert Iwwerks）――ドイツ移民の息子でカンザスシティに生まれた彼は、その後英語風にアブ・アイワークス（Ub Iwerks）と名前を変え、ディズニーと別れと再会を繰り返しながら、二人三脚でミッキーマウスをはじめ多くのキャラクターと傑作アニメーション作品を生み出していく。ディズニーはこの時、のちに世界に轟くことになる「自分の名前」と「生涯の仕事上のパートナー」とに出会ったのだ。

1週間の見習い期間を終えて、ルビンが月給50ドルを提案した時、ディズニーは「飛びついてキスしたい気持ち」だった。しかし、広告やカタログのイラストの下書きの職を得て、17歳にしてプロの画家となった喜びもつかの間、繁忙期のクリスマスが過ぎると、ディズニーもアイワークスも解雇されてしまう。

アブ・アイワークス（1928年撮影）写真：TopFoto/アフロ

そんな時でも、生来の楽天家だった彼は、めげずに翌1920年初めにアイワークスを誘って、デザイン会社「アイワークス＝ディズニー・コマーシャルアーツ社」を興す。ディズニーの名を冠した最初の会社だった。絵の才能もさることながら社交的な性格の持ち主であるデイズニーと、内向的でコミュニケーション能力に乏しいが「完璧な正円が書ける」ほどの卓越した画力のあるアイワークスは理想的なコンビだった。

だが、新参者がすぐに活躍できるほど甘い業界ではない。せっかく作った会社だったが、ほどなくして開店休業状態になってしまう。そこで、映画館での上映用の広告スライドを扱っていたカンザスシティ・スライド社に雇ってもらうことにした。俳優志望だったディズニーは少しでも映画館にまつわる仕事がやりたかったのだろう。追って、アイワークスも加わった。

そこで二人は、生涯追いかける夢――アニメーションに出会う。

＊初期アニメーションはチャップリンの後継者

世界で初めてのアニメーション映画は、フランスの画家エミール・コールによる『ファンタスゴマリー』（１９０８年8月17日公開）とされている。1分17秒ほどの作品で、最初にペンを持った画家の手が映り、彼が描いた道化師が時空を超えて街に出て空を飛ぶ。画面の線は次々と形を変えて、例えば道化師がワインボトルの中に入れられて、ボトルが花になって開くと、道化師は中から出てくる、という具合だ。コマごとに絵を撮影してそれを映写時に動いているように見せるもので、当初は見世物扱いのトリック映像に過ぎなかった。

アニメーション映画自体が爆発的な人気を博すようになるのは、何と言っても１９１９年11月９日に初公開された映画“*Feline Follies*”に源流を持つ「フィリックス・ザ・キャット」のシリーズだ。プロデューサーのパット・サリヴァンとアニメーターのオットー・メスマーが生み出した猫のフィリックスは、アメリカで大人気になった。まさにアニメーション界で最初のオリジナルのスター・キャラクターである。

さて、この「アニメーション界で最初のオリジナルのスター・キャラクター」の誕生に、チャップリンが大きく影響を及ぼしていたことはあまり知られていない。

それ以前に、草創期のアニメーションにおける「オリジナルではない」スター・キャラクターの一人が、チャップリンその人だったという事実はほとんど指摘されていないのではないか。――実は、アニメーション映画技術が確立されつつあった１９１５年から23年までの間に、30作品にのぼる「チャップリン・アニメ」が製作されていたのだ。[1]

その中で、もっとも初期に作られたのは、「モヴカ・フィルム・サーヴィス（Movca Film Service)」によるシリーズだ。メキシコを本拠地としていたモヴカは１９１４年９月にアメリカに進出、サンフランシスコに拠点を置いた。10月10日の「ヴァラエティ」誌で、「特別な喜劇漫画映画」を作ると発表した。それは、デビュー1年目にして大人気になっていたチャップリンを題材としたものだった。

モヴカによるチャップリン・アニメの新聞広告
提供：Kevin Scott Collier

モヴカは、アニメーターのジョン・テリーとヒュー・シールズと組み、チャップリン・アニメの第1作“*Charlie Throws the Bull*（チャーリーが雄牛を投げ飛ばす）”を1915年春に公開した。内容は、闘牛士のチャーリーが雄牛を投げ飛ばそうとするが、逆に雄牛に投げ飛ばされる、というものだった。本作には、同時期に人気を博したコメディアンのロスコー・アーバックルやメイベル・ノーマンドも登場する。まったく無許可で作られたものだったが、実写ではなかったので本家のチャップリン映画とは競合せず、チャップリンも気にしていなかったようだ。ノーマンドは自分のアニメ版であるこのシリーズを見て、「今まで見た漫画の中でもっとも素晴らしいもの」と喜んだ。[2]

モヴカはチャップリン・アニメ・シリーズを17本製作し、アメリカ西部・中部で成功を収めた後、1916年1月にはニューヨークのブロードウェイ劇場で4週間の上映をヒットさせ、東海岸でも全作を公開した。本シリーズが中部でヒットしていた時期は、ちょうど少年期のディズニーがチャップリンの物真似芸でステージに立っていた頃なので、彼も最初のチャップリン・アニメを見ていた可能性は高い。

ちなみに、モヴカのアニメーターであるジョン・テリーの弟のポール・テリーは、のちに『イソップ物語』（1921年より製作開始）を作ってディズニーに大きな影響を与えた人物でもあり、ここにも間接的な影響関係がうかがえる。

さて、1915年にチャップリンがエッサネイ社に移籍すると、エッサネイはチャップリンの「二次利用」に乗り出す。

その頃、アニメ界のパイオニアの一人、ウォレス・カールソンは、エッサネイでドジな少

1　チャップリンとアニメーションについては、Kevin Scott Collier, *The Chaplin Animeted Silent Cartoons* (Cartoon Research:Burbank, 2019)、および映画史家のウリ・ルーデル、アニメーション史家のトミー・ホセ・スタテス、エリック・グレイソン、デヴィッド・ガースティンから多くの教示をいただいた。

2　*"Moving Picture World"*（1915年11月6日）。

エッサネイのチャップリン・アニメの1シーン
提供：Kevin Scott Collier

年のシリーズ「ドリーミー・ダッド」をすでに10作発表していた。エッサネイは放浪紳士チャーリーとダッドの共演を思いつき、1915年8月9日に、〝*Dreamy Dud Sees Charlie Chaplin*（ドリーミー・ダッドがチャーリー・チャップリンを見る）〟を公開した。ダッドと愛犬ワッグは映画館の前でお金を拾い、劇場に入ってチャップリン映画を楽しむ。

この作品で興味深いのは、モヴカのシリーズとは異なり、チャップリンが「アニメ内の映画」で登場する点だ。すなわち、チャップリンの映画を見に行くよう観客を誘導するために作られたことがわかる。

「アニメ内の映画」の筋書きは、公園で放浪紳士とロバが喧嘩をしているところに警官がやってきて、ロバは放浪紳士を蹴ろうとして間違って警官を蹴って池に落とし、それを見て笑っている放浪紳士もロバに蹴られて池にどぼん、というものだ。「コメディーを作るには、公園一カ所と、警官ひとり、美しい娘ひとりいればじゅうぶんです[3]」との喜劇王の通り、初期作に典型的な公園ものコメディである。研究者のケヴィン・スコット・コリエは、エッサネイ社内でカールソンとチャップリンは「アニメ内の映画」の内容について話し合ったのではないかと推測する。[4]

本作はヒットを記録したが、エッサネイでのチャップリン・アニメはこれだけになった。当然のことながら、本家チャップリンの作品の方が何百倍もの利益を生んだからだ。

チャップリン人気を当て込む動きは、漫画界にも波及した。エルジー・シーガーは「シカゴ・ヘラルド」紙で“*Charlie Chaplin Comic Capers*（チャーリー・チャップリン　ドタバタ喜劇）”を１９１６年3月12日から連載。のちに『ポパイ』の原作者として著名になるシーガーのデビュー作となった。

そんな中、新しいチャップリン・アニメーションが登場する。

オーストラリア生まれのパット・サリヴァンは、１９１０年にアメリカにやってきて以来

3　『チャップリン自伝　若き日々』、３６０頁。

4　Collier, p.24.

新聞などで漫画を描いていたが、ユニバーサル映画の傘下にいたプロデューサーのパット・パワーズに見出され、１９１６年にアニメーションのためのスタジオを作った。その頃、ニュージャージー生まれのアニメーター、オットー・メスマーと出会い、二人は『ちびくろサンボ』を原作としたアニメを模倣した「サミー・ジョンシン」というシリーズでそれなりに注目を集めた。

１９１７年春、サリヴァンとメスマーはさらなるヒットを目指してチャップリンと交渉し、放浪紳士チャーリーをアニメーション化する権利を得た。その後、メスマーの兵役やサリヴァンが未成年の女性と関係を持って服役したことで製作は遅れたが、１９１８年７月６日付の雑誌「モーション・ピクチャー・ニュース」でサリヴァンは新作の撮影に入ると宣言。ここにサリヴァンの「チャップリン・アニメ」構想が動き出した。

当初は、３０００フィート（約40分）という当時としては異例の大作を計画しており、その内容は、放浪紳士がバスタブに乗って大西洋を渡り、第一次大戦のドイツで敵の皇帝を捕まえた後、ベルリンに行き、列車でトルコに着いて高貴な女性に求婚するもつまみ出され、ドイツに戻って敵をやっつける、という大冒険譚だった。

しかし、資金面の問題で４本に分けて製作されることになり、第１作として“*How*

Charlie Chaplin Captured the Kaiser（いかにしてチャーリーは皇帝を捕まえたか）〟が１９１８年９月２日に公開された。これは、ニューヨークに48あった劇場のうち40館が上映するほどのヒットを記録。以降、１９１９年10月にかけて、10本のチャップリン・アニメーションがユニバーサル映画から配給・公開された。ストーリーやギャグは、チャップリンの短編作品から多く引用された。

　これで名を上げた二人は、今度はチャップリン・アニメの中にすでに登場させていた猫のキャラクターを主人公に据えて新シリーズを企画した。それが『フィリックス・ザ・キャット』だ。アニメーション史家のゴードン・B・アーノルドも指摘する通り、チャップリン・アニメの製作の経験は「サリヴァンとメスマーの頭から離れることはなかった。チャップリンは、その後の猫のフィリックスの誕生に疑いなく明らかに影響していた」[5]。

パット・サリヴァンのチャップリン・アニメの雑誌広告　提供：Kevin Scott Collier

　そして、実際のところ影響どころか、フ

イリックスの誕生には、チャップリン本人が力を貸していた。メスマーは次のように回想している。

> チャップリンは違ったポーズでの彼の写真を少なくとも30〜40枚は送ってくれた。彼は喜んでいた。なぜならアニメーションが彼の映画の宣伝にもなるからだ。彼がやったどんな小さな動きでも、私たちがコピーをするのを、彼は奨励してくれた。のちに磨きをかけて、フィリックスの動きとして使った。脚本上のアイディアがなくても、面白い歩き方で笑いが取れると私たちは考えていた。あるいは、尻尾を動かしたりとかね。チャップリンは私たちに大きな影響を与えた。[6]

初期アニメーション史において、チャップリン以外の実写のスターがアニメーションのメイン・キャラクターになった例は他にない。そう考えると、アニメの最初のスター・キャラクターの一人は「チャップリン」その人のアニメ化であり、初のオリジナル・スター・キャラクターであるフィリックスもチャップリンの強い影響のもとに誕生していたことになる。

これをきっかけに、サイレント喜劇とアニメーションは互いに影響を及ぼしあい、他のスターたちもアニメに登場するようになった。

＊パントマイムとアニメーションの強い親和性

それにしても、あまたいるサイレント喜劇人の中で、なぜチャップリンがアニメーション初のスター・キャラクター誕生にとりわけ強い影響を与えたのだろうか？

むろん、コメディアンの中で、チャップリンは群を抜く人気と影響力があったから、ということに尽きるのかもしれない。だが、それだけではなく、彼と他の喜劇人とを隔てる、アクションやギャグの違いがより大きな理由としてあるように思われる。

メスマーは、チャップリンの「面白い歩き方で笑いが取れる」と言っているが、放浪紳士の独特の動きは、フェルナン・レジェが『バレエ・メカニック』（１９２４年）で作品化するなど、前衛芸術の題材にもなるほど当時の人々に斬新なものとして映った。その人間離れした滑稽さはアニメーションのインスピレーションの源にもなった。

---

5 Gordon B. Arnold, *Animation and the American Imagination: A Brief History* (ABC-CLIO, 2016), p.44.

6 John Canemaker, *Felix: The Twisted Tale of the World's Most Famous Cat* (Da Capo Press, 1996), p.38.

他のコメディアンの多くが、走ったり喧嘩を始めたりという体を張ったギャグをしている中で、チャップリンの場合は帽子がぴょんと飛び上がり、それが腕の上で器用に転がり、チョビ髭は生き物のようにひょこひょこ動き、小道具にまで命《アニメート》が与えられて、リアルな表現範囲を軽々と超える想像性豊かなアクションが展開された。

チャップリンのなによりの発明はステッキだ。それは、ある時は巨漢をやっつける剣になり、またある時は美しい女性を呼び止める魔法の手になり、あるいは受話器の代わりにすらなる。ちょうど、猫のフィリックスが尻尾を自在に操り、武器にしたりコミュニケーションの道具にするのと同じだ。猫のフィリックスには、尻尾を外してステッキにしてチャップリンを模倣するギャグもあるが、そのギャグはまさにチャップリンのステッキがフィリックスの取り外しがきく尻尾のように自在な存在であり、何にでも変化できるという意味でそもそもアニメ的なアイテムであったことを示している。

映画史の大家であるデイヴィッド・ロビンソンは、チャップリンのギャグの特徴を「置き換えのギャグ」であると指摘しているが、[7] 老人の長い髭をタオルに置き換えて手を拭き（『チャップリンの替玉』）、靴紐をスパゲッティにしてフォークで食べる（『黄金狂時代』）ギャグは、のちには牛の歯を木琴に置き換えて演奏するミッキーマウス（『蒸気船ウィリー』）

へと受け継がれていく。

パントマイムは想像のアートである。チャップリンの、シュールですらあるパントマイム芸は、絵を想像力いっぱいに動かすことのできるアニメーションと強い親和性を持っていた。

他のサイレント喜劇人が肉体的な躍動と物理的な破壊のギャグだったとすれば、チャップリンは想像力の躍動と観念の脱構築で笑いを生んだ。普通の喜劇人が生身の肉体を最大に動かすのだとすれば、チャップリンはただのモノも想像力によって生きている身体に変えてしまう。チャップリンの動きと笑いは、他の喜劇人に比べて、アニメーション向きであり、初のスター・アニメ・キャラクターの誕生にチャップリンが関わっていたことは論理的な帰結だった。

また、猫のフィリックスが生まれた１９１９年という時期にも注目したい。先にも触れた通り、１９１４年のデビューから17年までの丸４年間で60余本の短編喜劇を作っていたチャップリンは、１９１８年に独立して『犬の生活』以降、心優しい放浪紳士のキャラクターと

７　ロビンソン『チャップリン　上』、２１７頁。

ともに作品の芸術性が評価され、１９２１年の『キッド』からは長編喜劇を手がけ、納得いくまで時間をかけるようになったため、寡作となっていく。

１９１９年はちょうどチャップリンがドタバタ短編喜劇を作らなくなっていった頃で、その年に発表した短編はわずか2作品、翌20年には1作も作っていない。まさにその時期に、アニメのスター・キャラクターが登場した。他のコメディアンたちがまだ多くの短編喜劇を作っていたことを考えると、アニメのスター・キャラクターたちは、激減したチャップリンの短編の隙間を埋めるように、入れ替わりに登場したということになる。１９２０年代に黄金期を迎える短編アニメーションは、チャップリンの短編喜劇の正統な後継者だったのだ。

ちなみに、この〈サイレント喜劇とアニメーションの影響関係〉には続きがある。フィリックスが大ヒットした後、その動きをそっくり会得するために特別なフィルムが作られて、ある実写の喜劇俳優に手渡された。彼の名はバスター・キートン[8]。ほどなくして、監督作品を撮るようになり、１９２０年代には三大喜劇王の一人として人気を誇った。チャップリンの影響で猫のフィリックスが生まれ、フィリックスの動きをキートンが真似ていたという事実は、チャップリンを起点としたサイレント喜劇とアニメーションとの興味深い影響関係を教えてくれる。

短編アニメーションとサイレント喜劇との影響関係はこれまでも論じられてきたし、むろん後年のアニメーションには他の喜劇人の影響も見られる。ただここでは、その最初のスター・キャラクターがとりわけチャップリンの強い影響のもとに生まれたことを指摘しておきたい。

＊ディズニー・アニメーションの原点

この頃、アニメーションの技術は急速に進歩しつつあった。

フィリックス誕生の前年の１９１８年６月４日に初公開された『インク壺から』シリーズを手がけたフライシャー兄弟が、実写の動きをアニメにトレースする方法「ロトスコープ」を発明、また１９１６年には背景と別に動くキャラクターをセル画に描く方法も取り入れて、豊かな表現が可能となっていった。（ちなみに、『インク壺から』の主人公――のちに〝道化師ココ〟と命名される――は、フライシャー兄弟の弟で一時期コニー・アイランドの道化師

８　伴野孝司・望月信夫著、森卓也監修、並木孝編集『世界アニメーション映画史』（ぱるぷ、１９８６年）、19頁。

をしていたデイヴの動きをモデルとしている。初期のアニメキャラが、チャップリンをはじめ道化師をモデルとしていたことは注目に価する。）

ディズニーはカンザスシティ・スライド社で、それまでのスライド広告ではなく、絵を動かすこと、すなわちアニメーション広告を作り始めた。これぞ画家にして俳優を目指した自分の天職と感じたのだろう。昼間のスライド社での仕事とは別に、夜には実家のガレージに作ったスタジオでアニメ製作に熱中した。自動車の国アメリカでは、スティーヴ・ジョブズのアップルなど、ガレージにオフィスを構えたことから出発したベンチャーが多くあるが、実はディズニーこそそんなアメリカ式ベンチャーの先駆けだった。

　アニメーション製作において、大いに参考にしたのが、エドウィン・ジョージ・ルッツの“*Animated Cartoons*（動く漫画）”と、動物やスポーツ選手の決定的瞬間を捉えたエドワード・マイブリッジの写真集だった。ディズニーは人や動物の動きを想像で描くのではなく、実際の動きを徹底して研究することを好み、その態度は終生変わらなかった。

　ちなみに、マイブリッジは、のちに前衛画家の巨匠フランシス・ベーコンに大きな影響を与えたが、写真技術が20世紀の前衛美術にも大衆娯楽のアニメにも影響を与えていたことは興味深い。

ディズニーは自作のアニメを地元のニューマン社の劇場に売り込んで上映してもらった。最初の作品は、市電を待っているうちに女性の下着にある菊の模様が成長して電車が来た頃には女性は花に埋もれているというものだった。市電の遅さを風刺したもので、彼はアニメが時事風刺に向いているという特性を見抜いていた。１作品１分の「ニューマン・ラフォグラム（お笑い漫画）」シリーズの公開が始まったのは、１９２１年3月20日のことだ。

ディズニーは、その頃ニューヨークのアニメーター、ポール・テリー（前述の通り、１９１５年に初めてチャップリン・アニメを作ったジョン・テリーの弟）の『イソップ物語』のパロディがヒットしていたことに刺激を受け、『赤ずきん』のパロディを製作する。この時すでに、のちにヨーロッパのおとぎ話を次々にアニメーション映画化していくディズニーの趣味の萌芽があったわけだ。

出来栄えに自信を持った彼は、知り合いに出資してもらい、「ラフォグラム社」という会社を１９２２年5月23日に設立した。しかし、『ラフレット』（１９２１年）、『ブレーメンの音楽隊』（１９２２年）と作品を作っても販売は芳しくなかった。当時の映画館の興行は、長編劇映画をメインに短編喜劇、ニュース映画、続きものの短編映画、そしてヴォードヴィルの実演などで構成されており、アニメ映画を上映する劇場は2割程度でビジネスになりにくかった。

それでも、なんとか教育映画専門のピクトリアル・クラブ社との契約にこぎつけ、いくつかの作品を配給・公開してもらった。むろん、それだけでは会社はまわらず、歯科医からの発注で歯の衛生を呼びかける映画を作るなどして糊口をしのぐことにした。

歯の衛生宣伝映画『トミー・タッカーの歯』は、目先のお金のために作ったものに過ぎなかったが、ディズニーの原点ともいうべき要素が見られる。一つは、のちにディズニーの重要な活動の一つとなる「教育映画」の最初の作品であるということ。もう一つは、最晩年の代表作『メリー・ポピンズ』（1964年）にまでつながるアニメーションと実写の融合の先駆けとなったことだ。ディズニーは、子供が出演する実写映像に、バイキンがツルハシで歯を壊すアニメを入れた。これは同じく実写映像の中でアニメの道化師ココが活躍する『インク壺から』の影響だった。

実写とアニメの融合に手応えを感じたディズニーは、『インク壺から』とは逆に、実写の子役がアニメ映像の中で演技をする作品を思いつく。そこで、4歳のヴァージニア・デイヴィスと契約し、7分の短編『アリスの不思議の国』を作り上げた。

その1年前にチャップリンが4歳のジャッキー・クーガンを共演者に迎えて『キッド』を

作ったことも影響したのかもしれない。チャップリンと同じくディズニーも子供好きで、子供と同じ目線で演技を指導することができた。

しかし、『アリスの不思議の国』は、この時は配給・公開には至らず、ほどなくしてラフォグラム社は破産に追い込まれてしまう。

失意のディズニーはカンザスシティを出て、ハリウッドへと向かった。

＊ハリウッドへ

カンザスシティでアニメーション製作会社の事業に失敗したディズニーが、次にハリウッドに向かったのは奇妙な話である。というのも、当時アニメ製作の中心地はニューヨークだったからだ。

実は、彼はこの時期一度アニメ製作を諦めていた。

「当時わたしは絵筆を棄てていた……。わたしがなりたかったのはスタジオで職を得ることだった[9]」

9　ゲイブラー、91頁。

そこで心機一転、実写映画の監督になるつもりでハリウッドを目指したのだった。

１９２３年８月初め、借りもののスーツでハリウッドに降り立ったディズニーは、真っ先にサンセット大通りとラ・ブレア通りの交差点にあるチャップリン撮影所に向かった。チャップリンはちょうど監督に徹した野心的なメロドラマ『巴里の女性』を撮り終えて編集に没頭していた。また、ポーランド出身の大女優、ポーラ・ネグリとの恋愛と破局の話題が新聞紙上を賑《にぎ》わしていた頃だった。公私ともに多忙な大スターと会えるはずもなかったが、憧れの人を一目見たいと、イギリス風建築で有名だった撮影所のまわりを何度もうろついた。ただ、「もし会えたとしても恐れ多くて何も言えなかっただろう」と、のちにディズニーは回想している。

ついでディズニーは、ユニバーサル、ヴァイタグラフ、メトロ・ピクチャーズ（のちのＭＧＭの源流会社の一つ）と手当たり次第に映画会社を回って、ようやくパラマウント映画で知り合いを通してエキストラの仕事をもらった。乗馬ができるということで、西部劇のカウボーイの役があったのだ。幼少からの動物好きが仕事につながり、ディズニーは大いに喜んだ。

しかし、不運なことにハリウッドでつかんだ最初の仕事は、実現しなかった。撮影の日に雨が降り、結局そのシーンの撮影はなくなってしまったのだ。

それにしても、もしその日雨が降らなかったら、この世にミッキーマウスもディズニーランドも存在せず、ディズニーの名前が映画史の片隅に「西部劇の端役俳優」として残っていたかもしれないかと思うと、それはエンターテインメントの世界にとっては大いなる「恵みの雨」だったとしか言いようがない。

それから２ヶ月の間、いろいろなプロデューサーに売り込みをかけたが、仕事を得ることはなかった。しかし、彼は落ち込むことなく、持ち前の楽天家ぶりを発揮し、実写がダメならまたアニメに戻ろうというわけで、なけなしの金でカメラを買って、公開するあてもなくアニメ製作に熱中した。

そんな折、以前カンザスシティにいた時に『アリスの不思議の国』を売り込んでいた相手の一人であるマーガレット・ウィンクラーという女性から手紙を受け取る。彼女は『フィリックス・ザ・キャット』の配給もしていたアニメ業界の実力者だったが、フィリックスの製作者サリヴァンとの関係に隙間風が吹き始めたこともあり新しい才能を探していた。ウィンクラーは『アリスの不思議の国』を見て、カメラワークに難を感じたもののディズニーの将来性を確信し、契約を申し出たのだった。

こうして、どん底でディズニーはアニメーションの仕事にありつくことができた。ウィンクラーと契約を交わした１９２３年10月16日は、今もディズニー社の誕生日とされている。最初の６本は１本あたり１５００ドル、次の６本は１８００ドルで、著作権はすべて彼女に渡すという条件だった。

＊「ディズニー・ブラザーズ社」設立

ディズニーは製作資金を叔父のロバートや家族から借り、スタジオを作ることにした。ちょうどその頃肺病から回復した兄ロイが、マネージャー役を買って出た。こうして、１９２３年12月に、現在まで続くウォルト・ディズニー・カンパニーの源流となる「ディズニー・ブラザーズ社」が設立された。

ディズニーは、『アリスの不思議の国』の子役のヴァージニアを呼び寄せて契約し、一人でアニメを描き、子役を演出して撮影した。こうして、アリス・シリーズは始まった。ジャンルは違っても、目指すはチャップリンだった。この頃の発言「ありふれたどたばた喜劇とは違った、気品あるコメディ路線を目指して」という言葉は、チャップリンの喜劇観と同じだ。

ただし彼は、チャップリンのように一人で何役もこなすことはできなかった。むしろ、ディズニーは他人の才能を使いこなすプロデュースにおける天才だった。そんな彼のプロデューサーとしての最初の仕事は、自分の才能の限界を冷徹に見極めることだったのかもしれない。ディズニーはこの頃、「思うように線が引けなくなった」と、自身の画家としての才能に自信を失っていた。そこで、〈プロデューサーとしてのディズニー〉は、〈画家としてのディズニー〉を容赦なく切り捨てた。アリス・シリーズの拡大とともに、ディズニーはアニメーターを卒業し、ほぼプロデューサーに専念するようになる。

年が明けると、業務拡大を目指してセル描きやアニメーターを雇い、盟友アイワークスもまたもや仲間に加わった。優れたアニメーターであるアイワークスの再加入で重点は実写からアニメへと移っていった。

ウィンクラーの提案で、アリス・シリーズに「ジュリアス」という猫のキャラクターを登場させた。それは明らかにフィリックスの模倣だった。前述の通り、フィリックスは尻尾を他のものに変化させるギャグを多用したが、ジュリアスも尻尾を車輪にしてアリスを助けたり、尻尾をはしごにして敵から逃げるなどのギャグを展開した。対して、クマ（のちにヤマネコ）をモチーフにした悪役のピートはディズニーたちが生んだ最初のオリジナル・キャラクターで、のちのミッキーマウス・シリーズなどにも登場することになる。

ともあれ、アリス・シリーズの人気も上昇し、会社もなんとかまわるようになった。そんな折、１９２５年7月13日、ディズニーはスタジオの助手だったリリアンと結婚した。

＊混乱する会社

しかし、公私ともに充実していたディズニーに暗雲が漂い始める。プロデューサーのウィンクラーが宝石業出身のビジネスマンであるチャールズ・ミンツという男と結婚し、彼がウインクラーの会社の実権を握ったのだ。彼は、アニメの質には興味はなく、繰り返し製作費の減額を要求した。そのたびに、ディズニーはなんとかやりくりして乗り切ったものの、契約更新の時期が近づくにつれてミンツとの対立はますます激しくなった。

ディズニーは、ミンツに対して「作品の内容に関してはディズニーに一任されること」「映画以外の関連商品、新聞漫画に名称が使用されるときは、その利益は折半すること」という二つの条文を契約書に入れるように主張した。前章で述べた通り、作品作りにおいて完全な自由と独立とを確保することと商品化権の重視はチャップリンが始めたことだった。デイズニーは毎日のように、喜劇王の独立の象徴であるチャップリン撮影所を仰ぎ見て、また巷にあふれるチョビ髭の放浪紳士のグッズにも憧れを持っていたのだろう。彼もそれにならったわけだ。

しかし、ミンツはこの条文を却下。製作費の増額だけは通ったが、ディズニー社が権利を確保することはかなえられなかった。ちょうど二部屋のオフィスから移って、ハイペリオンにスタジオを新築したばかりだったので、ディズニー社の経営は火の車だった。すぐにでも現金の欲しかった彼は譲歩せざるを得なかった。

１９２６年２月、スタジオ新築を機に、社名から「ブラザーズ」を取って、ウォルト・ディズニー・スタジオ社へと変更した。社名変更は弟の影になって支える兄ロイの意向でもあった。

こうして、ワンマンのウォルトがすべてを司る——それこそチャップリンのような体制に、社名だけは近づいたのだが、内実は混乱を極めていた。新築オフィスの社長室は、「銀行の頭取の部屋か？」と仲間から揶揄《やゆ》されたほど大きなものだったが、アリス・シリーズは赤字に陥っており、埋め合わせのために以前世話になった歯科医に頼み込んで仕事をもらう始末だった。スタッフたちは、また歯科衛生キャンペーンのフィルムを手がけなければならない屈辱を味わっていた。

会社の混乱は、経営難によるものだけではなかった。「アメリカの理想的な家族」を信奉していたディズニーは、スタジオを一つの家族とみなし、末端のスタッフまで気さくに接して自分のことをファーストネームでウォルトと呼ばせた。好奇心に導かれて夢中でアイディアを話す姿は、大きな家族の中ではしゃぐ愉快な子供だった。しかし、調子が悪くなると、ちょっとしたミスをあげつらって怒鳴り散らし、今度は家父長としての権力を行使するのだった。撮影中に居眠りをしたスタッフは解雇され、勤務中にバスに乗っていたところを見られた者のデスクは次の出社時までに片付けられた。

むろん、ディズニーがかようなパワハラ行為に出るのも、ミンツからの資金不足と納期の厳しさゆえに苛立《いらだ》っていたからだった。

＊『しあわせうさぎのオズワルド』

『フィリックス・ザ・キャット』の大流行で、各映画会社はフィリックスに続けとばかりに、アニメーション映画のキャラクター開発に躍起になっていた。

アニメ映画界はフィリックスの二番煎じとも言える猫のキャラクターであふれていた。ディズニーのジュリアスもその一つだ。独走状態にあったフィリックスのプロデューサー、パット・サリヴァンは、チャップリンのようにキャラクターの裁判は起こさなかったものの、ジュリアスがフィリックスに酷似していることを問題視し、１９２５年にウィンクラーとの配給契約を解除した。ウィンクラーには新しい金脈となるキャラクターが必要だった。

そんな折、１９２６年末に、ユニバーサル映画社の創始者カール・レムリがアニメ映画を作るために、ミンツにキャラクター開発を相談した。ミンツはディズニーにもそのことを言ったようだ。１９２７年からアリス・シリーズに象やネズミなど多くの動物キャラクターが登場する。おそらく、ディズニーとアイワークスとで新キャラクター開発の試行錯誤をしていたのだろう。

その作業はほどなくして実を結ぶことになる。１９２７年初頭に、アイワークスは、子だくさんのうさぎのキャラクターを数種類描いた。ミンツはただちに気に入り、同年３月４日に『しあわせうさぎのオズワルド』シリーズをディズニー社が26本製作しミンツに提供する契約を結んだ。配給のユニバーサルは、当初アイワークスが描いた寸胴で短足のものではなく若くてスマートなうさぎを希望し、そのように修正された。

ちなみに、「しあわせうさぎ」とは、うさぎの足をお守りにするアメリカの民間伝承をパロディにしたもの。チャップリンの『街の灯』でも、ボクシングの試合の前に勝利を祈ってうさぎの足でおまじないをするシーンが出てくる。

こうして、１９２７年9月5日、『しあわせうさぎのオズワルド』の第1作『トロリー・トラブルズ』が公開。当初の宣伝文句は、「ユニバーサルが2年間の試行錯誤と準備期間をかけた一大傑作！」と、ディズニーたちの努力を完全に無視するものだった。

だが、作品が評判になると業界紙はディズニーの手柄だと褒め讃えた。「ムーヴィング・ピクチャー・ワールド」誌は、そのうさぎは「人間の仕草や表情を彷彿とさせ」、耳が直立したり垂れたりする様が、それまでのアニメにはなかった性的なモチーフを表現していると論じた。作品はヒットし、ディズニー兄弟はその収益を弟と兄とで3対２の割合に分けて、それぞれ家を新築した。

いよいよ順風満帆に思えた１９２８年、ディズニーはそれまでのキャリアのすべてを失ってしまうような、破滅的な悪夢を経験することになる。

オズワルド・シリーズは、ディズニー社の製作だが、契約上では著作権はミンツの会社にあり、ミンツがユニバーサル社に提供している形になっていた。ディズニーは、ミンツにもっと高く買って欲しいと要求し、いざとなればこの人気シリーズをミンツの力を借りることなく他の配給会社で公開できると考えていた。

しかし、逆にミンツは、もはや創作はアイワークスたちに任せて、自分はあまり寄与していないくせに要求ばかりうるさいディズニーを切って、ディズニー社で実際に作品を描いているアニメーターを引き抜いて製作を続けた方が得だと思い始めていた。

ミンツは当初、アイワークスを引き抜こうとしたが、長年の盟友はその誘いには乗らず、ディズニーにそのことを報告した。しかし、ディズニーは不満を持った他のスタッフたちが裏切ろうとしていると聞いても信じられず、ミンツが自分を切り捨てようとしていることなど思いもよらなかった。

１９２８年２月２日に、ミンツはオズワルド・シリーズについてユニバーサルとの契約を勝手に延長した。ディズニーはこの決定に激怒した。作品の提供元である自分の同意なしに契約の延長などできないはずだ、勝手に延長したのならその分製作費はたっぷり払ってもらおうじゃないか——ディズニーはミンツのオフィスがあるニューヨークへと向かった。

まずは、ミンツに圧力をかけるために、他社との間で有利な条件を引き出しておこうと思い、ディズニーはＭＧＭの幹部に面会した。が、ＭＧＭはまったく興味を示さなかった。しかも、その後のミンツとの交渉では、製作費の増額どころか大幅な減額を提示された。
ディズニーはミンツと決別することにし、ミンツに作品を提供しないためにスタジオのアニメーターたちと独占的契約をするよう兄ロイに指示した。だが、ロイからの電報の返信は、ウォルトの予想しなかったものだった。「スタッフたちが、契約更新を拒否している！」
——実は、すでにスタッフたちはミンツに引き抜かれて、彼との契約を結び終えていたのだった。

その時になって、以前の契約交渉の時にオズワルドの著作権をミンツに渡してしまっていたことが悔やまれた。完全に外堀を埋めたミンツは、彼の傘下に入れば給料を払うとウォルトとロイに提案してきた。気づいた時には、オズワルドの権利とアイワークス以外の仲間とを失っていた。

しかし、ディズニーはすべてを失ったわけではなかった。

彼は、周囲に「自分を裏切ったものは、やがてミンツをも裏切るだろう」と語った。その様子は、まるで最終的には勝利を収めることを確信したアニメーションの主人公のようだった。そして、妻リリアンには「人に使われたくないから、かえってよかった」と喜んでいたという。

ディズニーはどんな苦境に陥っても、それを物語の一シーンのように捉えて力に変える前向きな気持ちと、独立心だけは失っていなかった。これこそが、ディズニーをディズニーたらしめる才能だった。そして、その才能が本当の意味で開花しようとしていた。

……オズワルドのその後について少しだけ触れておこう。

ミンツは引き抜いたアニメーターを使ってオズワルドを作り始めたが、しばらくしてレムリによってミンツは外され、ディズニーの予言通り彼もまた裏切られた。代わりにのちにウッド・ペッカーで有名になるウォルター・ランツが責任者となり、ユニバーサルが直接製作を続けることになった。むろん、生みの親であるディズニーから離れたオズワルドが爆発的な人気を得ることはなく、１９４３年にひっそりと製作は中止。ディズニー社は２００６年にユニバーサルからすべての権利を買い、ディズニーが裏切られてから78年ぶりにオズワルドを取り戻した。

＊ミッキーマウスの誕生　モデルはチャップリン

ニューヨークからロス・アンジェルスに戻る汽車の中で、ディズニーは「ライオンのように」怒り狂い、「もう絶対に人には使われない。生きている限り人のためには働かない。自分は自分のボスなんだ」と何度も言っていた[10]。

こうして人生最大の裏切りにあった後、ディズニーは、おそらくその誕生以来世界中でもっとも知られ、愛され続けているキャラクター「ミッキーマウス」を創造する。

永遠のキャラクター、ミッキーマウスの成り立ちについては諸説あり、ディズニー自身も時期によって説明を変えている。ある時は、「公園のベンチに腰掛けると、一匹のネズミが慌てて逃げていったのを見て思いついた」と説明し、また「オフィスでネズミを捕まえてスケッチをしたのがきっかけ」と述べたこともあった。名前については、当初「モーティマー」（カンザスシティ時代にディズニーが飼っていたネズミの名前）としていたのを妻リリアンが嫌がったからミッキーにしたとか、友人と相談して決めたという説もある。

ゲイブラーは、ミッキーマウスはミンツに裏切られて西海岸に戻る列車の中で、ディズニーが思いついたものだとしている。それによると、ディズニーは新しいアイディアを求めて車中でスケッチを繰り返し、カリフォルニア州に差し掛かる頃には、飛行機を組み立てて空を飛ぶネズミの物語『プレーン・クレイジー』のシナリオを書いていたという。

『プレーン・クレイジー』は、その前年に大西洋単独横断飛行を達成したリンドバーグに着想を得ており、失意の中でも夢追い人をテーマにしたのはいかにもディズニーらしい。だが、裏切りの直後の列車の中で書いたというのは、いかにも出来すぎた話だ。

これについては、ミッキーマウス誕生の3年後に本人が語った話が、一番信ぴょう性の高いものと思われる。

> ミッキーのアイディアがどんな風にやってきたかについては、正確に言うことはできないね。私たちは別の動物を求めていた。猫はすでにあった。自然とネズミが頭に浮かんだ。大衆——とくに子供たちは、〝キュート〟で小さな動物が好きだと感じていた。[11]

猫のフィリックス、うさぎのオズワルドと来て、次に「〝キュート〟で小さな動物」とし

10　ゲイブラー、134頁。

11　Harry Carr, '*The Only Unpaid Movie Star*' ["*The American Magazine*"（1931年3月）、57頁]。

てネズミに行き着いたというわけだ。

実は、作画については、ミッキーマウスを最初に描いたのはアイワークスだったということで結論が出ている。何年も絵を描いていなかったディズニーが突如独創的なキャラクターを描けるわけもなかった。ミッキーマウスは、頭とお尻の二つの丸の組み合わせでキュートな造型になっているが、あれは丸みにこだわったアイワークス特有のデザインだ。

当のアイワークスは、１９２５年頃にディズニー社のアニメーターだったヒュー・ハーマン（「オズワルド」騒動の際にミンツの側につき、その後著名なアニメーターとして活躍した）が描いたネズミをヒントにしたと証言しており、またハーマンのネズミもディズニーたちの先輩格にあたるアニメーション製作者ポール・テリーの『イソップ物語』シリーズのネズミをモデルにしていた[12]。

要するに、ミッキーの作画自体は当時のアニメーションにたくさんいたありふれた動物の中の一匹だ。これは、チャップリンとて同じことで、彼が人類で初めて髭や帽子を着用して演技をしたわけではない。ミュージック・ホールの喜劇作品でよくいる浮浪者キャラクターにヒントを得たものだった。

チャップリンのキャラクターを特別なものにしたのは、その風貌もさることながら、言うまでもなくキャラクターに命を与えた内面だ。同様に、ミッキーマウスのキャラクターを特別なものにしたのは、それに命を吹き込んだ《アニメート》ディズニーだった。ディズニーは、そのネズミに長年憧れてきた彼のヒーローを投影させた。

　ミッキーのアイディアについては、私たちはチャーリー・チャップリンにかなりの借りがあると思っている。私たちは、訴えかける何かが欲しかった。それで、チャップリンの切なさのようなものを持つ、小さくてつつましやかなネズミを思いついたんだ。できる限りがんばろうとする、あの小さなチャーリーのような[13]……。

ミッキーマウスは、姿形の点においてもチャップリンをモチーフとしていた。チャーリー

12　有馬哲夫著『ディズニーとライバルたち　アメリカのカートゥン・メディア史』（フィルムアート社、２００４年）、24頁。

13　Carr, 1931, p.57.

の帽子の代わりにミッキーには黒い特徴的な耳があった。放浪者のきつい上着とぶかぶかの大きなズボンの対比は、ミッキーにおいては、小さな上半身と丸くて大きなお尻のズボンへと受け継がれた。チャーリーの象徴でもある大きなドタ靴は、ミッキーの体に比べて極端に大きな靴になった。常につま先を外側に向けている立ち方も共通している。

第1章で、ディズニーの生涯の野心とは、「もう一人のチャーリー・チャップリンになることでした」という妹ルースの証言を紹介したが、俳優の道を諦めた代わりに、彼は「もう一人のチャーリー・チャップリン」をアニメーションの世界で創ったのだった。

同時に、側近たちは、「ミッキーはディズニー本人にそっくりだ」ということにも気づいていた。ミッキーとディズニー本人の共通点として、「冒険心や正義感にあふれているが、知的教養とはあまり縁がない」こと、「成功したいという少年のような野望を抱き」、立志伝中の「裸一貫から叩き上げた人間像に臆面もなく憧れていた」ことなどを、研究者のボブ・トマスも指摘している。[14]

ディズニーは失意のどん底において、みずからの原点であり小さい頃からのアイドルだったチャップリンに立ち戻り、性格も姿も放浪紳士をヒントにしてミッキーマウスを創造した。そうしてできあがったキャラクターは、周囲から見れば、ディズニーの分身でもあった。兄ロイは、そのことを簡潔に次のように述べている。「弟はチャーリー・チャップリンにとても魅了されていたので、弟自身がチャーリー・チャップリンだった」[15]。

ミッキーマウスを最初に描いたのはアイワークスだった。しかし、本書はミッキーマウスの生みの親はディズニーであると言っておきたい。キャラクターとしてのミッキーマウス、つまりその個性《キャラクター》は、ディズニーしか生み得なかったものだからだ。それは、ディズニー自身であり、ディズニーが憧れてやまなかったチャップリンそのものだったからである。

＊トーキー「声の出るアニメーション」

会社としてはオズワルド・シリーズをあと三作完成させてミンツに送らなければならず、自分を裏切った連中もまだ社内に残っていたので、ミッキーの第1作『プレーン・クレイジー』は秘密裏に作業をしなくてはならなかった。アイワークスは、1日700枚という驚異

14　トマス、130頁。
15　リチャード・ハブラーによるロイ・ディズニーへのインタビュー。1967年11月17日。ウォルト・ディズニー・アーカイヴス所蔵。

的なスピードで原画を描いた。

１９２８年5月15日に行なわれた試写の反応はまずまずだったが、ディズニーは満足していなかった。ストーリーはオズワルド・シリーズの焼き直しで、牛の乳房をつかんでコックピットに乗り込むシーンなど性的なギャグや、飛行機から突き落とされたミニーをあざ笑うといった下品なシーンもあった。第1作目を公開する前に、第2作目『ギャロッピング・ガウチョ』に取り掛かったが、彼の試行錯誤は続いた。

兄ロイは、ミッキーマウスに将来があるようには思えなかった。資金も枯渇し、今後について弟ウォルトと話し合う必要があった。

そんな折、当時ヒットしていた『ジャズ・シンガー』（１９２７年）のことが話題にのぼった。エンターテイナーのアル・ジョルソンが主演として歌い踊る映画で、初の本格的トーキー（発声）映画として公開された作品だ。当初は目新しい見世物に過ぎないと思われていたトーキーだが、観客たちは新しいテクノロジーに熱狂した。映画と音声を同期（シンクロ）させるという、映画革命が起こったのだった。

ディズニーは、「これで行こう！」と叫んだ。全編音楽を流し、キャラクターに喋らせ、効果音をつけて公開するのだ。

このアイディアは、当時のアニメーション界にはなかった発想だった。というのも、実写映画で人物が喋ることは理解できるが、漫画の、しかも動物のキャラクターが人間の声で喋れば観客には受け入れられない、と映画業界は思い込んでいたからだ。

しかし、ディズニーはそれまでの常識に囚われることなく、新しいアイディアに飛びついた。スタジオを抵当に入れ、ミッキーの第3作目『蒸気船ウィリー』をトーキーとして製作した。弱小のディズニー・スタジオを相手にしてくれる音声録音技術会社を見つけるのは一苦労だったが、パット・パワーズ（かつて、『フィリックス・ザ・キャット』のサリヴァンとメスマーを見出した人物でもある）率いるシネフォン社と契約し、完全に動きと音楽とを同期させる短編を作り上げた。予算節約のために、ミッキーとミニーの声をはじめ、すべてのキャラクターの叫び声や笑い声をディズニー本人が担当した。

なんとか『蒸気船ウィリー』を完成させたものの、「声の出るアニメーション」なる珍奇なものを配給する会社は見つからなかった。製作費に加えて、音楽の演奏者たちにも報酬を支払わなければならず、出費はかさむ一方だった。ついには自宅まで抵当に入れて、その車内で妻リリアンに求婚したという思い出の自動車も売った。

そんな折、ニューヨークのコロニー劇場から、オリーヴ・ボーデン主演の『ギャング・ワー』と二本立てで上映したいとの申し出が来た。ディズニーは全国的な配給を求めていたが、もはや背に腹は代えられない。コロニー劇場での２週間限定の公開に同意した。

かくして、１９２８年11月18日、ミッキーマウスがスクリーンに初めて姿を現した。おそるおそる反応をうかがっていたディズニーの心配をよそに、観客は６分間の上映の間、笑いっぱなしだった。新聞は絶賛し、それまで見向きもしなかった各地の劇場がこぞって連絡をしてきた。

その後、第１作目の『プレーン・クレイジー』、第２作目の『ギャロッピング・ガウチョ』にも音をつけて公開。次々とミッキーマウス・シリーズを公開し、ミッキーは瞬く間にアメリカ一有名なアニメ・キャラクターに育っていった。

ミッキーマウスで、ようやくハリウッドの成功者の仲間入りを果たしたディズニーだったが、製作費は配給のコロンビア映画に決められていたので、資金的には相変わらず苦境にあった。

コロンビアとの契約内容は、１本あたり７０００ドルの前金と利益の60%というものだった。ミッキーマウスが社会現象になるにつれ、クオリティを上げるために、１９３０年の冬にはサリヴァンとメスマーのもとで『フィリックス・ザ・キャット』を描いていたハリー・リーヴズ、フライシャー・スタジオで『ベティ・ブープ』を担当していたグリム・ナットウィックら、多くの他社の優秀なアニメーターを引き抜いた。

それでもコロンビアへの納品期限を守ることが難しくなり、その年の11月には3チーム制にして量産体制を敷き、１９３１年夏にはオフィスを拡張した。コロンビアとの契約は、以前のユニバーサルに比べれば好条件だったが、業務拡張したためにディズニー社は慢性的な資金難に喘いでいた。

せめて、前金を１万５０００ドルに引き上げて欲しいと要求したが、コロンビアは首を縦に振らなかった。それでも、オズワルドを取られた時の苦い経験から、ディズニーは目先の資金のために権利を手放すことは絶対にしたくなかった。

悩めるディズニーのもとに救世主が現れたのは、１９３０年秋のことだ。この時、彼は人づてにユナイテッド・アーティスツ（ＵＡ）のジョゼフ・スケンク社長を紹介される。スケンクは1本あたり5万ドルの報酬で契約を申し出た。ディズニーはその申し出に飛びついた。多額の報酬もさることながら、憧れのチャップリンと同じ会社で配給ができるからだった。

1923年に初めてハリウッドに出てきた時、ディズニーは憧れの喜劇王と会えないだろうかと、毎日ラ・ブレア通りのチャップリン撮影所のまわりをうろついていた。

それから7年の月日が流れ、ついにその日がやってきたのだった——。

第4章　放浪紳士チャーリーとミッキーマウス

——なぜ両者は世界的なアイコンとなったのか？

＊二人の天才の出会い

プロローグにも書いた通り、エンターテインメントの世界で、チャップリンとディズニーはもっとも比較され取り上げられた二人だ。

チャップリンに憧れ、その背中を追い続けたディズニーは、ミッキーマウスの大成功をもって、喜劇王と並び立つに至った。１９３０年代以降、人々は二人に最大限の賛辞を送った。

> 映画界には二人のずば抜けた天才がいる。ウォルト・ディズニーとチャールズ・チャップリンだ。
>
> （アメリカを代表する劇作家ソーントン・ワイルダー）

> 二人はどちらもプロデューサーであり、監督であり、そのうえ物語の進行、音楽に至るまで気を配っている。その芸術的手腕は最高である。
>
> （フランスの映画監督の巨匠ルネ・クレール）

1932年、二人は初めて出会った。

ディズニーが驚いたことに、憧れの喜劇王は自分の作品を見てくれていた。そればかりか、ディズニーのアニメーションのファンだと言ってくれたので、ディズニーは天にも昇る心地だった。

チャップリンはディズニーの才能を見抜き、「君はもっと伸びる。君の分野を完全に征服する時が必ず来る」と予言した。同時に、最高の芸術的達成と最大の経済的成功を同時に果たした稀有《けう》な映画人は、若い天才にこう忠告することを忘れなかった。

「だけど、君が自立を守っていくには、僕がやったようにしなきゃ。つまり、自分の作品の著作権は他人の手に渡しちゃだめだ」

すでにオズワルドで苦い経験をしていたディズニーも同じ考えだった。ディズニーは幼少期からのアイドルに絶賛されても舞い上がることなく、このチャップリンらしい冷徹な助言をあらためて肝に銘じ、終生その教えを守り通すことになる。

それに先立って、コロンビア時代の末期にコロンビアはUAにお願いして、チャップリンの新作『街の灯』とダグラス・フェアバンクスの『月世界征服』（1930年）のニューヨ

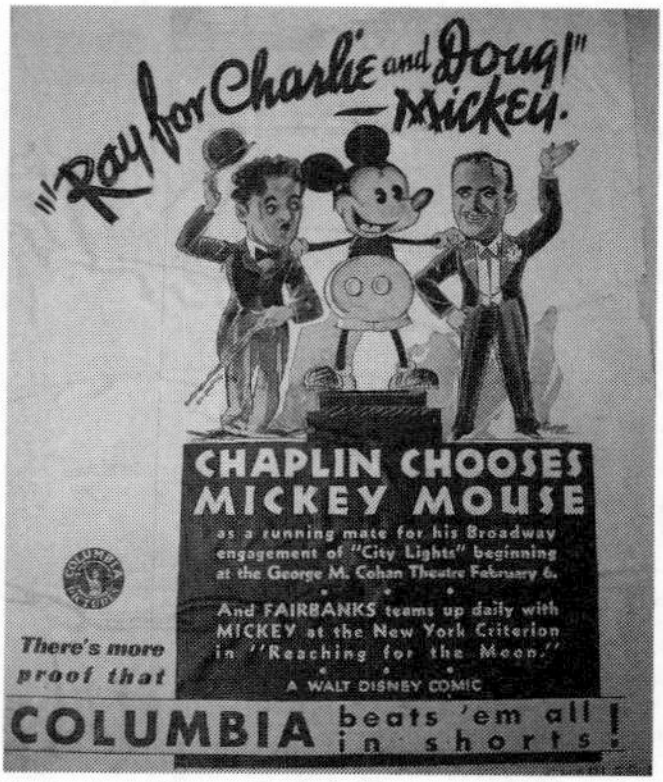

「チャップリンがミッキーマウスを選ぶ」という見出しが躍る新聞広告
Copyright © Roy Export Co Ltd. Archives digitised by Cineteca di Bologna.

ーク公開における併映短編として『ミッキーのバースデー・パーティー』を選んでもらっていた。また、『街の灯』のロンドン・プレミアでもディズニーが力を入れていた音楽アニメーションの『シリー・シンフォニー』シリーズ（１２８ページで詳述する）の『共同作戦異常なし』が併映された。各国の『街の灯』のプレミアに出席したアインシュタインやバーナード・ショーらがそれら併映短編アニメを見たことで、知識階級がディズニーに注目するきっかけとなった。

これには、チャップリンをはじめとするＵＡ作品と同時上映して欲しいというディズニーの意向があった。新聞には、「チャップリンがミッキーマウスを選ぶ」という見出しで全面広告が掲載された。

その２ヶ月後の１９３１年４月13日、ＵＡのスケンク社長は、ディズニー社との契約締結を正式に発表した。コロンビアはＵＡに頭を下げてまでチャップリンとミッキーとの併映を

「ミッキーマウスにブーケを」
© George Corley

実現させたのに裏切られた形となり、かんかんになって怒ったが後の祭りだった。

漫画家のジョージ・コーリーは、1931年4月16日付（チャップリンの誕生日）の「Oregon News」紙に、「ミッキーマウスにブーケを」と題して、チャップリンが手を山高帽に添えて挨拶しながら、ちょうど『街の灯』で盲目の花売り娘にするように、ミッキーマウスに花を一輪手渡す様の漫画を掲載した。「チャップリンほどのスターが、ミッキーマウスに花の贈り物を」とキャプションがつけられたこの漫画は、たちまちアメリカ中の新聞に転載された。

こうして、チャップリンとミッキーマウスとのコンビをアメリカ中が歓迎した。

＊ミッキーマウスと放浪紳士チャーリーの共通点

前節で「チャップリンとディズニーはもっとも比較され取り上げられた二人だ」と書いたが、実は、当時の新聞を調べた限り、チャップリンが他のコメディアンや映画人と比べられた例はほとんど見当たらない。あったとしてもデビュー当初の昔話の中で、アメリカ喜劇の父マック・セネットとの話題が散見される程度だ。つまりは、「喜劇」「映画」「アニメ」などの枠には収まらない、世界中の人が知っているキャラクターとして、チャップリンとディズニー、両者の名前があがっていた——より正確に言うと、「世界中の人が知っているイメージ」としては、両者の名前しかあがらなかったというわけだ。

　その後、チャップリンは赤狩りでアメリカを追われるが、そのイメージはアメリカの大衆に残り続けた。事実上の国外追放から10年以上経った１９６４年にカナダの批評家のフランク・ラスキーは「ディズニーとチャーリー・チャップリンは、ハリウッドがこれまでに生んだ、たった二人の本物の天才だ」[1]と記している。その時点で、実に30年以上にわたり両者のイメージは世界中の人々が知っているアイコンであり続けていた。そして、現在も愛され続けている。

　19世紀以前は、世界的な宗教指導者でも大帝国の皇帝でも、絵画や彫刻でそのイメージが流布されるだけだった。映画というメディアの発明で、単一の動くイメージが世界中に流通することになった。第1章で詳述した通り、チャップリンは生身の人間としては歴史上初めてそのイメージが世界中に届いたスターでありキャラクターだった。そして、ディズニーの生み出したミッキーマウスは、チャップリンに次いで世界を席巻したキャラクターとなった。著名なジャーナリストであるアルヴァ・ジョンストンは次のように言う。

「チャーリー・チャップリンとミッキーマウスは、これまで存在した、ただ二つの世界的なキャラクターだ。２人に比べれば、もっとも偉大な諸王や征服者たち、神々や悪魔たちもご当地の有名人だった[2]」

なぜ、チョビ髭に山高帽とステッキの放浪紳士と、小さなネズミが世界中に愛されたのか？　その問いは壮大すぎて完全に答えることは不可能だが、共通する特徴といえば、両者とも普遍的に変わらないイメージにして、どんなものにも変わることができるキャラクター、つまりは〈常に不変で、常に可変〉であるということだ。

サイレント喜劇研究の大家ウォルター・カーが指摘した、チャップリンの特徴、「キャラクターとしてのチャップリンの秘密は、彼がどんな人にでもなれるということである[3]」は、

1　Rasky, 1964.

2　Alva Johnston, '*Mickey Mouse*'［"*Woman's Home Companion*"（１９３４年7月号）］。

3　Walter Kerr, *The Silent Clowns*（New York:Da Capo Press,1975）, p.85.

喜劇王のキャラクターを理解する上で、大きなヒントを与えてくれる。

チョビ髭のキャラクターは、１９１４年に登場して以来26年にわたって、同じ扮装だった。そのことで、あの放浪紳士がスクリーンに登場して１００年以上経った今も、世界中の人が「チャップリンといえば、チョビ髭にステッキ、山高帽」という同一の変わらないイメージを思い浮かべる。

しかし、そのキャラクターは様々に変化する。基本的には放浪者であるが、ある時はレンガ積みの労働者であり（『給料日』）、ある時は兵隊さんだ（『担へ銃』）。一人で捨て子を育てることもあれば（『キッド』）、黄金を求めて雪山に向かい（『黄金狂時代』）、サーカス団に迷い込む（『サーカス』）。

ただし、彼の性格はある意味一貫している。報われなくても愛する人のために献身的に尽くし、時には権力の象徴たる警官のお尻も蹴り上げる。きれいごとだけでは生きて行けないことを知っている彼は、生活のためには最低限の悪事も働く。決して聖者ではないが、厳しい現実と闘う武器はユーモアしかないことを教えてくれる、心優しい放浪紳士だ。「チャップリンの浮浪者は、真剣で威厳を保とうとし、正しいことをしようとする。このことが彼の喜劇の根本をなす」[4]。

これらの特徴は、ほとんどそのままミッキーマウスにも当てはまる。１９２８年に登場して以来、作画に多少の変化はあったものの（１９３９年以降、それまで黒眼だけだったが、白眼の部分と眉が加わって表情豊かになった）、そのイメージは不変で、世界中の人々が即座に思い浮かべることができる。

そして、チャーリーと同じく、そのキャラクターは、蒸気船の操縦士（『蒸気船ウィリー』）、飛行機工（『プレーン・クレイジー』）、ポロ選手（『ミッキーのポロチーム』）、サーカス団員（『ミッキーのサーカス』）と様々に変化し、そのことで多くの人が感情移入することができる。

ディズニーはミッキーマウスにおいてチャップリンのギャグを多く模倣している。『ミッキーの消防夫』（１９３０年）の消防エンジンがバラバラになるギャグはチャップリンの『消防士』（１９１６年）からヒントを得ているし、『ミッキーの黄金の街は大騒ぎ』（１９３

４　Kathy Merlock Jackson, *'Mickey and the Tramp: Walt Disney's Debt to Charlie Chaplin'* [*"The Journal of American Culture"*, vol 26, Issue.4（２００３年12月）、４４０頁]。

2年）の揺れる小屋は言うまでもなく『黄金狂時代』の有名なシーンだ。『ミッキーの子沢山』（1931年）では捨て子の一人が、『パパになったミッキー』（1934年）ではミニーやミッキーがチャップリンの真似をする。

チャップリンをお手本に作ったため、当然ながら、ミッキーの性格は放浪紳士に似ている。愛するミニーに尽くし、その気をひくために悪ふざけもする。小さな身体で世の中の秩序をかき乱す点もそっくりだ。チャップリンもミッキーも「大恐慌の中で可哀想な弱者である〝おちびさん〟で、大きな図体の権威に立ち向かった」[5]。

ディズニー社のストーリー部門を創設したテッド・シアーズは、ミッキーマウスの性格について、次のように語っている。

> ミッキーは道化師ではない。彼はバカでも愚かなものでもない。彼の喜劇は完全に彼が置かれた状況に依る。彼の年齢はその状況によって変わる。時には彼のキャラクターは少年であるし、また別の時、冒険物の映画では、彼はずっと大人になっている——ミッキーが困難のもとで働いている時、小さな事件やアクションごとに笑いが起こる。それらの笑いは、ミッキーの表情、位置、態度、心理状況などなどと、それらを見せる絵に大きく依

存している。悩ませる物事が次々とやってきたり、彼が進むのを妨げる重大な危険にもかかわらず、死ぬ気の決意でもって、ある特別なことをやり続けようとするとき、ミッキーの真骨頂なのだ。[6]

ミッキーを知り尽くした男によるこの文章は、「ミッキー」を「チャーリー」に代えても完全に成立する。いかに両者が近しい存在であるかがわかるだろう。

「ミッキーとチャップリンが類まれであるのは、幅広い大衆と知識エリート層の双方を楽しませたことだ。言葉によってではなく、主にアクションとリアクションで。双方とも、他のハリウッドスターたちでも到底かなわないほどの、莫大な商品の帝国を生み出した[7]」

「チャップリンこそはミッキーマウスのある種のゴッドファーザーだ」とアルヴァ・ジョン

5　Jim Korkis, "*The Charlie Chaplin Connection Part Two: Mickey as Chaplin*" [https://www.mouseplanet.com/11527/The_Charlie_Chaplin_Connection_Part_Two_Mickey_as_Chaplin (２０１６年８月24日)]。

6　クリストファー・フィンチ著、前田三恵子訳『ディズニーの芸術』(講談社、２００１年)、41頁。筆者改訳。

7　Korkis, 2016.

ストンは言う。「チャップリンの心理をミッキーマウスに移し替えることが、これまでも今も常にディズニーの目的であり続けている。二つの世界的なキャラクターは問題の解決方法において共通点がある。双方とも、英雄と臆病者、おばかさんと天才、悪党と紳士のブレンドなのだ[8]」。

＊ミッキーマウスこそサイレント喜劇の後継者

ここまでチャーリーとミッキーの共通点をずらずらと並べてきた。しかし、両者には明らかな差異があるように見えるかもしれない。つまり、チャップリンはサイレント喜劇の王様であり、ミッキーマウスは音声の出るトーキーのアニメーションを拓いたパイオニアだ。新旧ジャンル、それぞれの代表格であり、ここには大きな違いがあるのではないか?

トーキーの時代になると、サイレント喜劇は壊滅した。人気が凋落した原因として、「サイレント喜劇人の声が悪かったから」などと言う人がいるが、本当の理由は違ったところにある。

サイレント映画とは、変幻自在なスピードと大胆なアクションのアートである。声が入らないぶん、フィルムのスピードを自由に変えることができた。面白いギャグのシーンは早回しにするなど映像演出にメリハリをつけることで、身体芸を際立たせた。また、俳優の声をマイクで拾えるかどうかを気にしなくていいので、大胆に動くことができた。

しかし、トーキーだと（当時は）フィルムのスピードを変えると音声も高くなってしまうので、フィルムスピードが一定のままの緩急のない演出になってしまった。しかも、マイクの下で演技をしなければならないので、アクションの面白さをも奪った。そして、サイレント時代に親しまれたキャラクターたちがいきなり話し出すことで、彼らのイメージが破壊された。というわけで、トーキー時代に、サイレント喜劇人の人気が低落していったのは、ある種当然の帰結だった。

では、なぜサイレント映画にこだわったチャップリンは、他のサイレント喜劇俳優のように没落することなく、圧倒的な人気を保ち続けたのだろうか？

チャップリンが、１９３１年に『街の灯』を、すでに時代遅れとみなされていたサイレントで作ると発表した時、多くの批評家が驚きを示した。彼は「パントマイムとコメディ」という文章を発表して、彼らの疑問に答えようとした。

8　Johnston, 1934.

なぜ私は無声映画を作り続けたか？　第一に、サイレント映画は普遍的な表現手段だからだ。トーキー映画にはおのずと限界がある。というのも、特定の人種の特定の言葉に規定されてしまうからだ。[9]

チャップリンがこだわったのは、サイレントかトーキーかという技術ではなく、世界中の人に理解されるかどうかだった。

その考えこそ、ディズニーも共有しているものだった。

確かに、ディズニーはミッキーマウスをトーキー映画として公開することで大成功を収め、そのことでサイレント映画の喜劇やサイレントのアニメーションを壊滅に追いやった張本人である。それまでナンバーワンの人気を誇った『フィリックス・ザ・キャット』シリーズが凋落していったのは、彼らが「漫画は声を持たない」という考えに固執したからだった。（フィリックスのアニメーターだったハル・ウォーカーは、「ディズニーのサウンドによって、われわれの商売はあがったりだ」と言った。）

しかし、ミッキーのギャグは決して言葉のやりとりによるものではない。ミッキーは、デイズニー本人が演じた声の魅力や言葉のやりとりの面白さによって、スターになったわけではない。そもそも、ミッキーは９作目の『カーニバル・キッド』（１９２９年）で「ホットドッグ！」と言うまで、意味のある言葉を発していない。

ミッキーのアニメーターを長く務めたウォード・キンボールは次のように言う。

> ミッキーはほとんど一夜にして国際的な成功を収めた。なぜなら、初期の作品においては、その笑いの大半が目で見てわかるギャグだったからだ――ローレル＆ハーディやバスター・キートン、そして特にチャーリー・チャップリンのように。人々が香港で見ていても、パリでも、カイロでも、言葉が必要ない。彼らは、スクリーンで起こっていることを、ただ笑うことができるのだ。[10]

これを読むと、チャップリンの思想が、いかにディズニー映画に受け継がれていたかがわ

9　*'Pantomime and Comedy'*［*"New York Times"*（１９３１年１月）］。

10　Walter Roessing, *'Mickey at 60'*［*"Sky"*（１９８８年７月）］。

かるだろう。

筆者は、前章において、アニメーションの最初のスター・キャラクターである猫のフィリックスへのチャップリンの影響について詳述し、短編アニメーションがチャップリンの短編喜劇の後継者であると書いた。アニメーション作家たちは、チャップリンのシュールな動きや想像性豊かなギャグ、親しみやすいキャラクターを受け継いだ。しかし、トーキーへと時代が激変する中で、テクノロジーに囚われた多くのアニメーターたちは世界中の人が理解できる作品を創る、という根本の思想を見失ってしまう。

ディズニーは、ミッキーマウスをいち早くトーキー映画として作ることで、時代の波に乗った。しかし、彼は単に新規の手法に飛びついたわけではない。

彼は、映画がトーキーになった時に失ってしまった映画の面白さの本質とも言える〈スピードを変幻自在に操る映像演出〉、〈(生身の人間よりももっと自在な)身体芸〉、〈キャラクターの面白さ〉を、サイレント映画からごっそり引き継ぎ、そこに音楽を付加した。そのことで、ミッキーマウスはチャップリンのサイレント喜劇の正当な後継者であり続けることができたのだ。それこそまさにディズニーがチャップリンから学んだすべてだった。

＊音楽の重要性――サイレント映画はサイレントではない

ディズニーがサイレント喜劇の良さを継承したとして、では、トーキー・アニメに移行せずサイレント・アニメを作り続けた『フィリックス・ザ・キャット』は、なぜ急速に人気を失っていったのだろうか？

その答えは、〈音楽〉にある。

無声《サイレント》喜劇の継承に音楽が必要と書くと、いったいどういう意味かと訝《いぶか》しがるかもしれない。しかし、サイレント映画の全盛期には、各映画館には必ず楽団やピアニストがいて、生演奏付きで上映されていた。つまり、サイレント映画が無音《サイレント》だったことはなかったのだ。その意味で、サイレント映画の呼称は実態に即したふさわしいものとは言えない。本質としては、それは言葉に依らずとも〈誰もが見てわかる映画〉というべきものだった。

当時の観客は映像と生演奏のコラボレーションを楽しんでいたため、映画館で奏でられる音楽が映像の楽しさを活かしたり逆に殺したりした。チャップリンは早くから映画における音の重要性に気づき、１９２１年の『キッド』の時点で、「このシーンにはこの音楽を演奏してください」というキューシートを各映画館に配布したほどだった。（のちに、ディズニーも同じように各劇場に演奏すべき曲調などをリクエストした。）

前述の通り、チャップリンは、トーキー時代になって最初の映画『街の灯』を、サイレントとして作ったが、トーキーの技術を利用し、全編にみずから作曲した音楽と効果音をつけて、「サウンド版」として公開した。

放浪紳士チャーリーが声を出した瞬間、それまで人々が思い描いてきたチャーリーのイメージは壊れてしまう。サイレント映画の形式を続けることで、チャーリーのキャラクターを守る必要があった。

その上で、サウンド版を作ることで、以前よりこだわっていた映像と音の関係をすべて自分でコントロールすることを達成した。

『街の灯』の音楽はシーンやギャグと完全に同期していた――むしろ、チャーリーの身体が音楽を奏でているのかと思うほど自然なものだ。音楽も相まって笑いを増幅させ、盲目の少女が放浪者を初めて見るラストシーンの感動を倍加させた。彼がサイレント映画を作り続けたのは、頑固に旧形式にこだわったのではなく、〈誰もが見てわかる〉という本質にこだわったからだ。映像と音楽との相乗効果で、その本質はますます強化された。

次の『モダン・タイムス』（１９３６年）では、彼は初めて肉声を聞かせたが、デタラメ語で歌う「ティティナ」で見事な歌唱と言葉の芸を披露する一方、冒頭の工場シーンでは社長だけがセリフを発して労働者たちはサイレントで演技をし、権力者の声だけがトーキーで聞こえるという演出を施すことで作品テーマを浮かび上がらせた。次章で触れるが、その次の『独裁者』（１９４０年）では、デタラメドイツ語でヒトラーを風刺し、ラストでは平和と民主主義を訴える力強い演説をするという、言葉でしかできない表現にこだわった。

　こうして、彼はサイレント映画の映像演出、身体芸、そしてなにより大切なキャラクターを活かしたまま、トーキーの音楽、言葉の力を取り入れ、サイレントとトーキーの両方の時代をスターであり続けた稀有なコメディアンとなったのだ。

　さて、チャップリン映画における映像と音の同期について触れたが、チャップリンに先駆けて、そのことにこだわった人物がいる。ウォルト・ディズニーその人である。

　ミッキーマウスは、しばしば「初のトーキー・アニメーション」と呼ばれることがあるが、実のところ初めてではない。音のついたアニメなら、フライシャー兄弟による部分トーキー『おお、メイベル』（“*Oh! Mabel*”，１９２４年）や、ポール・テリーの『イソップ物語』シリーズのうちの全編トーキー『ディナー・タイム』（“*Dinner Time*”，１９２８年９月）など、他にも存在した。

ディズニーの偉大さは、「初のトーキー・アニメーションを作ったかどうか」にあるのではない。音をアニメーションのギャグやストーリーと完全に同期させて、音と映像がドラマを紡ぎ出す新しいメディア・ジャンルを拓いた点にある。そのために、資金難の中で作った『蒸気船ウィリー』でさえ、完全な同期のために一度録音した演奏をすべてやり直したほどだった。「チャップリンがサイレントにこだわり、ディズニーはトーキーに邁進した」と言ってしまうと、彼らの本質を見失う。二人がこだわったのは、映像と音の同期、すなわち〈誰もが見てわかる〉ことだった。

*『シリー・シンフォニー』シリーズ

ディズニーの音楽へのこだわりは、アニメーションの新機軸を拓く。

ある時、音楽担当のカール・ストーリングは、「先に音楽を作って、そこにアニメーション映像を貼り付けるのはどうか」と言い出した。ディズニーはその奇抜な提案に飛びついた。そこで、サン＝サーンスの『死の舞踏』とグリーグの『小人の行進』を編曲し、それに合わせて骸骨がダンスをする作画をアイワークスに描かせた。これを『シリー・シンフォニー』シリーズと名付けて第１作『骸骨の踊り』（１９２９年）として公開すると、批評家は気味悪いと批判したが、観客は熱狂した。

ディズニーは、素人のヴァイオリニストだった父に楽器を教わったことがあったが、演奏もできず音符も読めなかった。しかし、音楽に関するセンスには天性のものがあった。彼は物語世界と音楽との関係を逆転させた。つまり、従来の映画では、まず物語世界があって、それを説明するように音楽が「伴奏」としてつけられる。悲しいシーンならそれに合った悲しい曲を、楽しいシーンには楽しい曲を、といった具合だ。しかし、『シリー・シンフォニー』では、まず音楽が奏でられ、それが物語を拓く。

それが、のちにディズニーが作ったミュージカル映画をそれまでにない斬新なものにした。従来の音楽劇は、あるストーリーがあって、その中で登場人物の心情が盛り上がって歌い出すといったものだった。それゆえ、「なぜ歌い出すのだ」などと毛嫌いする人もいるわけだが、ディズニーは「音楽は物語と一体になっているべきもので、突然誰かが歌いだすのではだめだ」と明確に言う。[11]ディズニーのミュージカルは、音楽が〈すでに存在する世界〉を説明するための伴奏をするのではなく、音楽が〈新しい世界〉――まさに音楽的《ミュージカル》としか言い

11　１９３７年２月16日付の『白雪姫』の会議録でのウォルト・ディズニーの発言。『ディズニーの芸術』、56頁。

ようのない世界を拓くものだ。音によって、別な世界を生むという意味では、音楽劇よりもオペラに近いものだった。そして、それは１９７０年代以降、音楽がリードしてドラマを紡ぐアンドリュー・ロイド・ウェバーなどに代表されるロンドン・ミュージカルに大きな影響を与える。

当時の観客たちは、『シリー・シンフォニー』を見て、チャップリンの音楽付きのサイレント映画に通じるものを感じた。批評家フェン・シェリーは、『シリー・シンフォニー』を「チャップリンの切ない喜劇性でもってアンデルセン童話を解釈したファンタジー」[12]と定義づけている。

ディズニーと同じく、チャップリンも楽譜の読み書きはできなかったが、幼い頃からミュージック・ホールの舞台に立っていたことで音楽が身体に染み込んでいた。ピアノとヴァイオリンに加えて、独学でチェロも嗜んだ。前述の通り、トーキー時代が来ると自分の作品に、彼自身から湧き上がる音楽をつけた。彼もまた物語を説明するだけの伴奏音楽を奏でることを拒否した。

編曲者たちは、コメディのシーンに楽しい音楽を合わせしようとしたが、チャップリンは

「楽しいシーンには悲しい音楽をつけるんだ。これが僕の対位法だ」と主張した。コメディにあえて美しい音楽をつけることで、笑いの奥底に悲劇や冷徹な社会批評が見えてくる。身体が音楽化し、音楽が身体化して物語を紡ぐのがチャップリンだった。

映像のリズムと音楽の関係にこだわった二人は、否応なく世界中の人々をそのリズムに乗せて、チャーリーやミッキーのいる世界へと誘った。そこで、「誰にでもなれる」存在であるチャーリーとミッキーに、誰もが共感して思いを託した。こうして、その両者だけが言葉を使わずに、世界に流布するキャラクターとなり得たのだった。１９３１年に「タイム」誌は簡潔に書いている。

「チャーリー・チャップリンのように、ミッキーマウスは世界中で理解される。なぜなら彼は喋らないからだ」

さて、ここまで〈ミッキーマウスはチャップリンに代表されるサイレント喜劇の後継者である〉と論じてきたが、もっと広い視野で見ると、両者ともに喜劇の長い歴史と伝統を受け

12　Fenn Sherie, '*Secrets of Silly Symphonies*'［"*Pearson's Magazine*"（１９３３年７月）］。

継ぐものでもある。

　1938年に演劇評論家のモートン・ユースティスは、チャップリンを絶賛する文章の中で、トーキー時代になって喜劇の伝統が失われたことを嘆いてみせた。しかし、「ウォルト・ディズニーだけが、チャップリン喜劇と同じく普遍的な人気を集める古くて新しいタイプの喜劇を、漫画のメディアにおいて創った」と指摘し、さらに、ミッキーマウスたちは、「キーストンのコメディアンたち、コメディア・デラルテの道化師たち、あるいは古代ギリシアの祝祭の喜劇俳優たちの、直系の末裔なのだ」とした。[13]

　放浪紳士チャーリーとミッキーマウスは、ギリシア以来の伝統が20世紀のメディア時代に開花した正統な喜劇だった。そして、その創造とは、ディズニーの言葉を借りれば、「頭が考え出すことができて、手で描くことができるすべてのもの――人間の経験のすべて…現実世界と夢の世界、色、音楽、響き、そして何よりも動き」[14]の総体だった。

＊クリエイターとしてのチャップリンとディズニー

　次に、クリエイターとしての本人たちに焦点をあててみよう。

チャップリンとディズニーは、ともに「ワンマンの天才」「完璧主義者」の異名を持つ、という共通点がある。これは多くのスタッフで製作する映画界では異例のことだ。
例えば、チャップリンは、『ライムライト』において、監督、脚本、主演、プロデューサー、編集、音楽作曲、バレエ振付の7役を一人で担当したが、「本当のところは端役も含めてすべて自分で演じたかったはずだ」と、『街の灯』に子役で出演したロバート・パリッシュ（のちにハリウッドの著名な映画監督・編集者になる）は証言している。
彼の演出法は極めて特異で、まずすべての役を彼自身が演じて見せ、俳優たちにはその通りにするように求めた。『ライムライト』のヒロイン、クレア・ブルームも、筆者のインタビューの際に「セリフの言い方はもちろん、手の置き場所、視線の方向まですべて指示された」と教えてくれた。彼の演出には「偶然などというものはなかった。ただ彼の天才があるだけだった」と回顧している。[15]
その演出法は、チャップリン自身が希代の名優だったからこそできる芸当だったわけで、

---

13 Morton Eustis, '*Custard Pie to Cartoon*' [“*Theatre Arts Monthly*”（１９３８年９月）]。
14 *Ibid.*
15 Claire Bloom, *Limelight and After* (Weidenfeld & Nicolson, 1982), p.102.

早々に俳優の道を諦めたディズニーには無理な話だった。実写とアニメを組み合わせていたアリス・シリーズの子役だったヴァージニア・デイヴィスは、演出をする時の彼の口癖が「～するふりをして」だったことを覚えている。驚く演技を求める時には、「さあ、気が動転したふりをして」と指示するのだ。それは表面的な演技のつけ方であって、お世辞にも名演出家の言葉ではない。

ディズニーはアニメーターとして世に出たが、ごく初期に絵を描くこともやめている。1930年代に入ってからは、アニメーションの演出からも手をひいた。

では、ディズニーは現場でいったい何をやっていたのか？

実は、ディズニーも、チャップリンと同じように様々な役を自分で「演じて」いたのである。

ディズニー・スタジオでのストーリー会議とは、ディズニーの独演会を意味した。彼は身振り手振りと表情で、ストーリーを最初から最後まで語り、すべてのキャラクターを演じるのだ。その間、アニメーターたちは爆笑し続け、完全にディズニーのアイディアの虜となって、それを実現するために働いた。

「ウォルトはいい俳優かコメディアンになれたかもしれない。ストーリーを語り、それを演じてみせる。笑いすぎて死ぬかと思うほどだった。そして、なにかが生まれるんだ。みんな感じた。ウォルトが何を欲しがっているのかが、完全にわかった」（アニメーターのディック・ヒューマー）。

そして、そのパフォーマンスはチャップリンそのものだった。

「彼はいろんな役を演じてみせた。誰よりもうまくね。彼はタイミングと何かを演じる能力について、素晴らしいチャップリン的なセンスを持っていた。一つ一つのアクション、ちょっとしたアイディア、それをパントマイムにおいて見せる方法。彼のそんなところが最高だった」（アニメーターのマーク・デイヴィス）。

『三匹の子ぶた』の製作中、ディズニーは何度もチャップリンの『キッド』を上映してスタッフに勉強させた。そして、上映を途中で止めて、ディズニーが狼や子ぶたたちを演じて見せた時、その演技に圧倒されたスタッフが感激で涙を浮かべながら「チャップリンだ！」と叫んだという。

ウォード・キンボールによると、ウォルトは少年時代に研究したチャップリンの演技をよく披露していたという。

ウォルトは、チャップリンの熱烈な信奉者だった。彼はいつも、チャップリンがどんな風にギャグをしていたかを演じて見せるのだった。私たちは、ウォルトの演技はチャップリンと同じぐらい上手だと思った。もちろん、ウォルトに何か演技をしてくださいと頼むと、意識しすぎるだろう。彼もチャップリンも、あらゆる状況での基本的なユーモアを理解していた。ウォルトは何が面白くて何が面白くないかについて第六感を持っていた。（略）彼がストーリーやギャグの状況の説明に夢中になり、なにかの物真似をし始めたら、彼はまさにチャップリンと同じぐらい素晴らしかった。[16]

ディズニーは、チャップリンと違って、「できる限りすべて自分でやる」タイプではなく、自分のやりたいことをすべて演じて、スタッフたちに完全に理解させ、その通りにやらせた。そんな分業制を構築するには、多くの優秀なスタッフが必要だった。そのために、アニメーターの教育システムを確立したことは、ディズニーが行なった重要な業績の一つだ。

１９３２年の秋にアニメーターのアーサー・バビットの提案で、ディズニー美術学校が誕生する。各界から専門家が講師として呼ばれ、生徒たちは絵画だけでなく芸術の基本を学んだ。生きた動物を連れてきて、その動きをデッサンする授業もあった。ちなみに、チャップリンの動きを研究する授業も必須で、のちの『バンビ』の作画のために「鹿がチャップリン的な動きをする」という課題のデッサン画も残っている。[17] 教育を重視したディズニーはのちにカリフォルニア芸術大学に多大な援助をした。

ディズニーは、自身に欠けていたクリエイティヴな才能を補うために、多くの人材を育て、周囲の才能をその気にさせて自分のやりたいことを完璧に実現した。その意味では、やはり彼も「ワンマンの天才」と呼ばれるにふさわしい。そしてビジネスの面においては、孤高の存在だったチャップリンの限界を超えて、集団の力でより大きな成功を収めることになる。

もう一つの称号である「完璧主義者」はどうだろう？

両者ともに、スタッフに過酷なまでに完璧さを要求することは、当時のハリウッドで広く

16　リチャード・ハブラーによるウォード・キンボールへのインタビュー。１９６８年5月21日。ウォルト・ディズニー・アーカイヴス所蔵。

17　Nancy Beiman, *Animated Performance: Bringing Imaginary Animal, Human, and Fantasy Characters to Life* (Fairchild Books, 2015), p.126.

知られていた。

　スタッフの働きを疲労困憊の極限まで訓練する、ハリウッドの二人の監督が新旧の喜劇の王者——チャップリンとディズニーであることは不思議な偶然だ。ある動物の鼻が少し上むきでなくてはいけないとか、ズボンへの蹴りが16コマではなく12コマに描かれていなくてはならない、などのディズニーの容赦ない要求を前にして、ディズニー・スタジオの画家たちが泣き崩れてしまうのは本当の話だ。正しく描かれることは、ディズニーと観客にとっては完全な満足を意味し、アニメーターと製図者にとっては血と涙を意味する。チャップリンも同じように厳しく、俳優に、道具係に、記録係の女性に、彼自身のアイディアと直感の破天荒な闘いについてくるように要求する。しかし、彼は自分自身にも厳しい。たとえ彼が登場人物を構築するようなアイディアを得たとしても、短編小説並みの描写と台本を生み出したあげく、結局一つか二つの撮影ショットにしかならないのだ[18]。

　すでに述べた通り、チャップリンは、とりわけ初期には定まった台本を持たず、納得のいく演技ができるまで何度も撮り直した。相当撮影が進んだ後でも、最初からやり直したり、ストーリーそのものを変えてしまうことも多かった。その結果、例えば『キッド』では完成版の53倍のフィルムを撮影に使用し、『街の灯』の製作には６８３日もの時間を費やした。

ディズニーは創作の過程においてもチャップリンのアプローチを踏襲している。ただし、ディズニーは、チャップリンのように一人ですべてのことをこなし、何度もやり直したわけではない。その代わり、自分の頭の中のイメージを図示し、それをスタッフたちに何度もやり直させて、自分の世界を実現させる方法を取った。その方法とは、ストーリーボードを使った企画開発である。

現在の映画界でも広く使われているその手法は、ディズニー・スタジオが開発したものだ。（発明者はアニメーターのウェブ・スミスと言われている。）文字で構成を書くのではなく、テーマとなる言葉や絵をボードに貼り付けて、それをもとにディズニーを中心にスタッフ全員で話し合い物語を発展させていった。物語を視覚的に検討し、納得いかなければ破棄して別の絵を貼り付ける。

18　Alistair Cooke, '*Charlie Chaplin at Fifty*' [“*The Atlantic Monthly*”（１９３８年９月）]。

ディズニーはもはや絵も描かなくなっていたし演出もしなくなっていたが、このストーリーボードを完全に管理することで、自分が思った通りの創作をスタッフに行なわせた。これはいわば俳優のリハーサルのようなもので、チャップリンが際限なく撮り直したことと同じことを、ストーリーボードを使ってやったわけだ。

ディズニーは、アニメーターたちに「映画作りとは三つのことだ：一つ目はストーリー、二つ目はストーリー、三つ目はストーリー」と教え、そのストーリーについてチャップリンから学んだと語る。

「私はチャーリーからストーリー・テリングについて多くを学んだ。彼は楽しさそのものだった。おどけて、彼のストーリーを演じるのが大好きだった」

もう一つ、両者に共通するものは、子供の視点である。『キッド』の子役ジャッキー・クーガンと初めて対面した時、チャップリンはホテルのロビーで何時間も二人で遊んだ。ディズニーも、アリス・シリーズの子役のヴァージニアと完全に同じ視点を共有していた。多くの人が、チャップリンとディズニーについて子供と同じ視点で遊び考えることができたと証言している。

二人は子供のように自由な発想で、やりたいことをやり抜いた――一人は可能な限りすべて自分で演じ、もう一人はまわりのスタッフを使って自分のアイディアを完全に実現させる形で。そして、チャップリンが撮り直しの果てに映画数本分のフィルムを破棄してストーリーを変更していったのと同じように、ディズニーも『白雪姫』ではキンボールたちが８ヶ月かけて描いた食卓のシーンをすべて破棄し、納得のいく表現を求め続けた。

こうして、集団芸術である映画産業においては極めて稀で、かつプロデューサーがスタッフの隅々までを統括するハリウッドならではのやり方で、二人の完璧主義者が君臨したのだ。

＊ユナイテッド・アーティスツでのディズニー――カラー化

ＵＡは常にディズニーに対して多大な支援をした。とりわけチャップリンはディズニーに芸術上、ビジネス上の助言を常に行なっていた。『蒸気船ウィリー』でアニメーションと音の可能性を拓いたウォルトの次なる挑戦は、色彩だった。アニメーションにおけるリアリズムを追求し、自然の風景を愛し、動植物のありのままの姿を捉えようとした彼は、モノクロの世界に満足できなかった。

カラー映像は、映画の草創期から様々な試みがなされていた。初期は白黒フィルムを染色するやり方で、例えば夜のシーンなら全体を青く染める演出がなされた。１９０６年にはイギリスでキネマカラーと呼ばれる赤と緑の2色式カラーフィルムが開発されたが、この方式では青色が出せなかった。（例えば、２色式のテクニカラーで撮影されたジョン・マレイ・アンダーソン監督の『キング・オブ・ジャズ』〈１９３０年〉は、ガーシュウィンの「ラプソディ・イン・ブルー」がフィーチャーされたレビュー映画にもかかわらず、肝心な青色《ブルー》を写せないジレンマもあった。）

ディズニーはまだ発展途上だったテクニカラーの3色カラー方式に興味を持ち、『シリー・シンフォニー』シリーズの29作目『花と木』（１９３２年）を「総天然色」で製作すると言い出した。テクニカラー社はカラー技術の宣伝のために権利の一部と引き換えに資金援助をすると申し出たが、ちょうどチャップリンから著作権についての助言を受けた直後だったディズニーはそれを断った。代わりに、テクニカラーの3色カラー技術を2年間独占使用する契約を結んだ。

結果的にディズニーは世界初の総カラー映画を作ることになったのだが、他の映画人たちに先駆けることができた理由の一つは、今では信じられないことに、当時の観客はカラー映像を求めておらず、カラーには商業的価値がないと思われていたからだ。経費がかかるだけで観客にも求められていないとされていたカラーに彼が乗り出したのは、「リアルなアニメーションを作りたい」という一心からだった。

ＵＡはディズニーのやりたいことを理解し、カラー化のための融資に応じた。それでも足りない分については、兄ロイが駆けずり回り、バンク・オブ・アメリカから1万２０００ドルの融資を取り付けた。ウォルトが夢中になったことの、金銭的な帳尻を合わせるのはいつも兄の役目だった。

そうして、ついにカラーで製作できると決まった時、ディズニーは「これで虹が描ける！」と叫んだ。映画史に輝く7色の虹で『花と木』は初の3色式カラー作品として歴史にその名を刻んだだけでなく、アカデミー賞の短編アニメ賞を受賞した。

チャップリンの庇護のおかげでディズニーはＵＡにおいて次々と夢を実現していった。次なる代表作『三匹の子ぶた』（１９３３年）は、フレッド・ムーアによる愛らしい子ぶたのデザインで大ヒットを記録。三匹の子ぶたの性格の描き分けは、従来のアニメにはなかったものだった。この映画で歌われた「狼なんかこわくない」は全国民の愛唱歌となり、ディズニーは「映画の主題歌」を史上初めてヒットさせた人物となった。

『三匹の子ぶた』の成功は、ディズニーに生涯忘れられない経験をもたらした。その年の10

『ミッキーのポロチーム』が『モダン・タイムス』の併映短編に　Copyright © Roy Export Co Ltd. Archives digitised by Cineteca di Bologna.

月15日、本作が作家協会で記念上映され、その後の食事会でチャップリンが登壇して、（のちに『モダン・タイムス』で披露した「ティティナ」のような）でたらめフランス語とでたらめスペイン語による即興の寸劇を演じて、ディズニーのために舞台上で放浪紳士の歩き方を披露したのだった。ディズニーは、幼少から憧れていたあの歩き方を生で見ることができて、感激で圧倒されたという。

チャップリンとディズニーとの蜜月は続いた。

１９３６年のチャップリンの新作『モダン・タイムス』の併映短編に『ミッキーのポロチーム』が選ばれ、テキサス州ダラスの『モダン・タイムス』プレミア上映では、『シリー・シンフォニー』シリーズの『オオカミは笑う』が併映された。

『ミッキーのポロチーム』は、ディズニーのキャラクターチーム（ミッキー、ドナルドダック、グーフィー、ビッグバッドウルフ）と、映画スターチーム（チャップリン、スタン・ローレル、オリヴァー・ハーディ、ハーポ・マルクス）がポロゲームで戦うというものだ。ディズニーの趣味でもあったポロゲームに、アニメのキャラクターとしてチャップリンを登場させ、みずからの分身であるミッキーとの共演を果たした。アニメーションの中のチャップリンは、ステッキが引っかかって落馬しそうになるなどのギャグを披露している。

それに先立って、『ミッキーの名優オンパレード』（１９３３年）でも、ミッキーマウス映画のプレミア上映の客としてチャップリンが登場し、きらびやかなスターに交じって彼だけがお金を払わずに受付を這って入場するというチャップリン的な演技を見せる。『ドナルドの博物館見学』（１９３７年）でもチャップリンへのオマージュが見られる。

ディズニーだけでなくチャップリンの方も、彼がファンだと言ったミッキーとの共演を果たしている。

チャップリンの『モダン・タイムス』の中盤で、チャーリーがデパートの夜警の職を得て、ポーレット・ゴダード演じる少女と一緒に夜のデパートで遊ぶシーンがある。その時、おもちゃ売り場でポーレットがミッキーマウスのぬいぐるみを見つけて抱き上げる。チャップリン映画に実在のアニメーションのキャラクターが登場した唯一のシーンだ。いかに両者がリ

『モダン・タイムス』の中盤でミッキーマウスのぬいぐるみが登場。チャーリーの左上に見える　Modern Times
© Roy Export S.A.S

スペクトし合っていたかがわかるだろう。

*『白雪姫』の挑戦

１９３６年の年末に、ディズニー社はＵＡとの契約を打ち切り、ＲＫＯ社と新たに配給契約を結んだ。ＵＡとの契約をやめた最大の理由は、ＵＡが将来のテレビ放映権を保持することを主張したのに対して、当時まだ家庭には普及していなかったテレビの時代が来ることを予見していたディズニーが放映権を渡したくなかったからだった。

ＵＡの創設者の一人であるチャップリンはディズニー社の弁護士レッシングに、「わたしはウォルトで儲けたいとは思わない。彼のためにできることならなんでもしよう」と手紙を書いたが、ＵＡのスケンク社長とディズニーの意見がどうしても折り合わなかった。テレビ時代を見通していたことはまさしくディズニーの先見の明であり、それは同時に「権利を渡すな」というチャップリンの教えを守った結果でもあった。

ＵＡとの契約は切れたが、ディズニーはチャップリンの助言を仰ぎ続けた。

ディズニーの次なる挑戦とは、初の長編アニメーションを製作することだった。『三匹の子ぶた』が成功を収めた翌年の１９３４年、ディズニー社の年間売上高は60万ドルにのぼっていた。しかし、ディズニー社の売り上げはすでにグッズ収入が大半を占めており、経費がかかる割には利益の少ない短編アニメにディズニーは限界を感じていた。また、恐慌後の映画館は、同じ料金でもたくさん見られるというお得感を出すために、従来の「長編＋短編」の組み合わせではなく、「長編２本立て」の上映が増えていたため、短編アニメの上映回数が減少しつつあった。

もちろん、長編への野心は経済的な理由だけからではない。常に「誰もやっていなかったこと」を求めるディズニーの芸術的野心からだった。短編では、動物や草花のファンタジーを美しく描くことはできても、彼の求めるストーリーとリアリズムを追求できないと思い始めていた。

初の長編の原作として、いろいろな神話や伝承を検討した上で、１９３３年5月頃にはグリム童話の『白雪姫』のアニメ化を決意していた。

しかし、スタッフも含めて周囲は長編アニメの製作に大反対した。世界恐慌後アメリカ国内では消費購買力が落ち、ドイツでヒトラーが政権を握ったことで海外市場も縮小の一途をたどっていたが、当時のディズニーはグッズ販売と短編アニメで堅実な経営をしていた。リスクを背負ってまで冒険をする時期ではないというのが周囲の共通した意見だった。

そんな中、チャップリンだけがディズニーの冒険を応援した。ディズニーは１９６４年にインタビューでこう回想している。

「チャーリーは私にとても優しかった。私の最初の長編アニメ映画について、他の誰もが懐疑的だった時に、彼は前に進むようにと勇気付けてくれた[19]」

チャップリンもかつてディズニーと同じ経験をしていた。短編喜劇で大人気を博していた１９１０年代末に、彼は長編喜劇『キッド』の製作を始めた。配給会社は、上映すれば必ずヒットを記録する短編喜劇がたくさんあれば良かったので、長編製作に反対した。しかし、チャップリンは信念を貫き、１年以上の時間を費やして『キッド』を完成させた。結果、『キッド』は公開後数年の間に世界１００カ国以上で上映され、前述の通り世界規模でほぼ同時上映された最初の映画となり、映画の歴史を変えた。

その経験から、チャップリンはディズニーに長編を作る時の心得を授けた。それは、やはり人々が共感できる主人公、ストーリーとテーマの重要性であった。

「チャーリーは私に、最上のコメディにおいて、人は主人公に同情しなければならないということを教えてくれた。主人公の行ないに笑う前に、主人公のために涙を流さなくてはいけない、と」

喜劇王から助言を受けて自信を持ったディズニーは、１９３４年の冬のある日、50人のスタッフをスタジオに集めた。そして、真っ暗な部屋の一本のスポットライトの下で、チャップリン仕込みの演技で3時間にわたって『白雪姫』のすべての役を最初から最後まで演じきった。独演会が終わった時、スタッフたちは涙を浮かべていたという。一同は以降3年間の製作を、常にこの時のディズニーの演技を思い出しながら進めることになる。

しかし、前代未聞の大プロジェクトには、大きな難関が立ちはだかった。なにより、ディズニー社の当時の年間売上高の3分の2にあたる40万ドルもの巨額の製作予算をどうするのか（そして、製作費は最終的には１５０万ドルに膨れ上がる）。しかも、その間は短編アニメの製作も抑えなくてはならないので売り上げも減る。またもや兄ロイがバンク・オブ・アメリカと交渉し、１９３５年8月に25万ドル、36年5月に63万ドル、37年3月にも63万ドル、

19　Rasky, 1964.

同年9月に32万７０００ドルの融資を受けた。

このように大変な借金を抱えながら、ようやく作品は完成したが、ディズニーには長編映画を公開するためのノウハウがなかった。頼みの綱のＵＡは『白雪姫』の公開をしないと決定した。チャップリン以外の取締役が反対したのだ。新しい配給会社ＲＫＯとの交渉の中で、ディズニー社に不利な条件を飲まされてしまう危険性があった。

その時助けてくれたのもチャップリンだった。彼はディズニーを励まし、「君の映画は長い間生き続ける。僕のアドヴァイスは全作品の権利を自分のものにすることだ。もし所有していない権利があれば買い戻すのだ」と言って、あくまで自分の権利を保持し続けるように言った。チャップリンは『白雪姫』の成功を信じていて、「僕がやったことを知ってほしい。連中は君の映画を買い叩くかもしれない。君は最高の条件以外は受け入れるべきではない」と、自分の帳簿を開いてロイに最高の条件の数字を見せ、「これより低い数字では売るな。君はもっと取るべきだ」と言った。[20]

そして、彼はなんと『モダン・タイムス』を配給した時の資料一式を惜しげもなくディズニーに提供した。ＲＫＯに対してチャップリンの条件を参考に商談をすることができたディズニーは、１９３８年5月31日付の手紙でチャップリンに感謝の気持ちを伝えた。

親愛なる友人であるチャーリーへ

『白雪姫』の開発における、あなたの計り知れないほどのアドヴァイスと助けに感謝また感謝を表したくしたためております。

リーヴズ氏（筆者注：チャップリン撮影所支配人）からは最大限の援助とご協力を賜りました。あなたの提供してくれた資料は、わたしたちにとってバイブルでした。それがなければわたしたちは、オオカミの群れの中に放り出されたヒツジのようなものだったでしょう。

あなたへの深い感謝の念を込めて

ウォルト・ディズニー

チャップリンは「皮肉屋や銀行家の奴らに、『白雪姫』について君のことを過小評価させてはいけない。この作品は、君の最大のヒット作になる」[21]と言い続け、実際にその通りにな

20　ピート・マーティンのインタビュー。

『白雪姫』に対してシャーリー・テンプルから特製のオスカー像を贈られるウォルト・ディズニー。普通のオスカー像に「七人のこびと」になぞらえた小さな七つのオスカー像がついている（1938年第10回アカデミー賞）写真：Everett Collection/アフロ

った。

ディズニーは、「最上のコメディにおいて、人は主人公に同情しなければならない」というチャップリンの教えを忠実に守り、主人公・白雪姫を、誰もが心を寄せる美しい姫にして継母から謂《いわ》れなき迫害を受けるキャラクターとして造形した。それは同時に、ディズニーの「少年時代の寓話」でもあった。「親の嫉妬、移り気な圧制におびえ、自分の世界（アニメというファンタジー）に逃避し、そこにいたわりと愛と独立と信頼を見出す。白雪姫はウォルト・ディズニーの成長の物語[22]」だったのだ。

演出的には、七人のこびとたちが歌う「ハイ・ホー」など挿入歌をヒットさせる戦略、ドラマと音楽とが互いを高め合う手法、そして何層もの背景を撮影する「マルチプレーンカメラ」を用いた技術による自然な立体感の追求など、ディズニーが取り組んできた方法論の集大成でもあった。

キャラクターとギャグの面では、とくに七人のこびとたちにチャップリンの影響が色濃く見える。七人そろって歩いていた時に先頭が急に立ち止まって、後ろを歩いている六人が順々にぶつかるギャグは『犬の生活』に出てくるし、スニージーのくしゃみで強い風が吹いて、他のこびとたちが風に逆らって走ろうとするも前に進まない演技は、『黄金狂時代』の山小屋のシーンの完全なコピーだ。なにより、一人だけ喋らないキャラクター・ドーピーを登場させることで、サイレント喜劇のギャグを引き継いでいる。

１９３７年12月21日に行なわれた『白雪姫』のプレミア上映に参加したチャップリンは、七人のこびとの一人であるドーピーのことを「史上もっとも偉大な喜劇人の一人だ」と感想を述べた[23]。やはり、アニメーションこそ自分の後継者であると認識したのだろう。

『白雪姫』は、アメリカ国内で４００万ドル、海外で４００万ドルという未曽有の大ヒットを記録した。公開からしばらく経って、映画ビジネスを教えてくれたチャップリンがわざわ

---

21 Rasky, 1964.
22 ゲイブラー、２２４頁。
23 “*Los Angeles Times*”（１９３８年１月14日）。

ざディズニー社の帳簿を見に来たことを、ディズニーは生涯の自慢としていた。

＊ビジネスマンとしての二人

チャップリンがウォルトに教えたもう一つのことは、キャラクター・ビジネスだった。第２章で述べた通り、チャップリンは映画スターとしての肖像権を主張した最初の人物だ。様々なチャップリン・グッズが世界中で販売された一例として、１９３２年5月に喜劇王が初来日を果たした時の我が国の様子を紹介しておこう。街ではチャップリンの物真似芸人があふれ、チャップリンをテーマにした歌が流行し、京都・太秦《うずまさ》の女優たちはチョビ髭をつけて「エロエロ・チャップリン」としてダンスショーを披露した。まだ日本公開されていなかった『街の灯』がノベライズされ、歌舞伎にまでなった。

人気に便乗して相当数のキャラクター・グッズが作られた。チャップリン・マッチ、チャップリン歯ブラシ、チャップリン・ウィスキー、チャップリン万年筆……森永製菓は、「偉大なる芸術家　チャップリン氏とそのファン諸賢に捧ぐるこのチョコレート」と銘打って、「チャップリン歓迎　森永ミルクチョコレート」を発売した。京都の綿布の老舗、永楽屋は、チャップリン手ぬぐいを作った。いずれもチャップリンに捧げている割には、当時の日本は肖像権の概念に乏しく、本人の許可を得ず発売したものだ。もっとも、永楽屋は２０１５年になってチャップリン家の許諾を得て、当時の手ぬぐいを復刻した。おかげで昭和初期のモダンなデザインが今も楽しめる。

しかしながら、この分野についてはディズニーの方が、チャップリンを圧倒的に凌駕するようになる。その理由として、チャップリン本人がキャラクター・グッズにあまり興味を示さなかったこと（これは第6章で詳述する）と、それに何と言っても、チャップリンが生身の人間であるのに対して、アニメのキャラクターだったミッキーマウスは商品化しやすかったことがあげられる。

ディズニーがミッキーマウスの商品価値に気づいたのは、１９２９年のことだ。その頃、ディズニーは子供たちが繰り返しミッキーマウスを見るために映画館に通っていることに気づいた。また、同時期にロス・アンジェルス郊外のある劇場の支配人が、私的に「ミッキーマウス・クラブ」を作って、週末ごとに

チャップリンとドナルドダックのキャラクター・グッズ　写真：Chris Jackson/Getty Images

子供たちで劇場を満員にしているという話を聞いた。ある日そこに招待されたディズニーは、1000人の子供たちがミッキーマウスに声援をあげる姿を見て、彼が生み出したキャラクターの力を確信した。ディズニーはミッキーマウス・クラブを全国展開し、1930年中頃にはその会員は100万人を超え、社会現象になった。

週末ごとに映画館に行きたくなるほど愛されているキャラクターを、常に手元に置いておきたいと望む人々が現れるのは時間の問題だった。

1930年代初頭、ニューヨークのホテルに滞在中だったディズニーのもとに、ある男性が子供用のメモ用紙にミッキーマウスを印刷したいので許可が欲しいと訪ねてきた。当時、お金に困っていたディズニーは、300ドルで了解。これがミッキーマウス・グッズの第1号だ。(ちなみに、ディズニー社として初めての正式な契約は、1930年2月3日にニューヨークのジョージ・ボーグフェルド社とミッキー&ミニーの絵のついたおもちゃを作ったことだった。)

以後、チャップリンと同じように、様々な商品にミッキーの図柄がプリントされるようになっていった。

当時、他のアニメーションでも、キャラクター・グッズは存在した。しかし、その多くは配給会社が販売したり宣伝のために無料で配布したりするもので、製作者の利益にはなっていない場合が多かった。ディズニーはすべての権利を自分のものにしていたので、グッズの売り上げを製作費に回すことができたのだ。これもチャップリンの教えの賜物であった。

１９３３年、グッズを専門的に扱う会社としてウォルト・ディズニー・エンタープライズを設立。ブランドの大切さをわかっていたディズニーは、各ジャンルの優良大手企業とだけ契約する方針にした。その結果、食品大手のゼネラルフーヅはシリアルの箱にミッキーマウスを印刷する権利料として１００万ドル払い、宝石のカルティエはミッキーマウスのブレスレットを売り出すなど、大手企業とのコラボレーションでミッキーマウスはますます価値を上げた。

１９３４年には、ミッキーマウス関連グッズの売り上げは、全世界で７０００万ドルとなり、その年の権利収入だけで20万ドルを記録。グッズの権利収入が映画の収入を大きく上回るようになっていった。

＊兄シドニーの幻の「チャップリン・アニメーション計画」

チャップリンとディズニーの共通点として、天才の弟を支えた兄の存在もあげられる。

ウォルトと兄のロイ（左）。1960年代に撮影されたもの　写真：mptvimages/アフロ

ウォルトの兄ロイは、弟のキャリアの初期から金銭面で支え続け、また１９２３年12月に会社を創設して以降は、思うままに創作の冒険をする弟のために、絶え間ない資金不足の中、銀行と交渉を重ねて危機を乗り越え続けた。後々には、弟の究極の願いであったディズニーランド建設のために奔走し、弟の死後も彼の夢だったフロリダのウォルト・ディズニー・ワールドのオープンまでこぎつけてこの世を去った。弟の若き日からその死後まで、子供のように夢を追い続けるウォルトの尻拭いに追われる人生だった。

チャップリンの兄シドニーも、極貧の幼少時代より弟チャールズを支えてきた。母が精神に異常をきたして親子共々貧民院に収容された時も、弟にとって頼れる兄だった。やがて成長して、船のラッパ手として生活費を稼いで弟チャールズに送金し、先に舞台の世界に入って活躍し、弟に仕事を紹介した。

芸術の才能には縁がなかったロイとは違って、シドニーは優れたミュージック・ホールの俳優であり、寸劇の作家でもあった。のちには、弟に続いてアメリカで映画界入りし、「ガッスル」というキャラクターで次々とヒット作を発表。その一方で、映画作りになると予算も時間もまったく気にせずに没頭する弟に代わりマネージャー役を務めて、１９１６年にチャーリーがミューチュアル社に移籍する際に、総額１００万ドルの契約をまとめあげた。また、前述の通り放浪紳士チャーリーのキャラクター・ビジネスを主導した。ちなみに、アメリカ初の定期航路を持つ航空会社「シド・エアライン」の創設者でもある。

チャーリーと兄のシドニー（左）。初来日時の 1932 年 5 月 14 日に神戸で撮影　写真：ユリコ・ナダオカ / 日本チャップリン協会

　シドニーとロイは、前者はアーティストでもあり後者はビジネスに特化していたという違いはあるが、弟のチャールズとウォルトに比べて金銭面でうるさい実務肌であったことと、なによりもワンマンの弟が唯一言うことを聞く存在だったという点において共通している。

そんな頼れる兄シドニーによる幻のチャップリン・アニメ計画があったことは、ほとんど知られていない。

長年にわたって子供たちの人気者であり続けたチャップリンは、１９３０年代には映画業界の巨人になっていた。完璧主義ゆえに数年に１本だけ作品を世に送り出し、もちろんどの作品も記録的ヒットとなるのだが、業界では別格扱いの偉人の位置におさまっていた。

シドニーは弟が大御所化していることに危機感を覚えていた。チャップリン家の資料庫にはシドニーからチャーリーに宛てた手紙が多く残っているが、その中の１９３６年６月４日の手紙で、弟にアニメーションへの進出を提案している。

シドニーは最新作の『モダン・タイムス』を見て、工場の巨大なセットに多額の費用をかけた割には笑いが少ないと辛口で断じ、すでに完成し公開している作品にもかかわらず、物語全体を貫く明確な敵キャラクターを設定するべきだ、などと兄の目から見た修正点を列挙している。ただし、明け方の一本道を放浪者と恋人とがどこまでも歩いて行く感動的なラストシーンの代わりに、混乱している工場で組み立てられたはちゃめちゃな車で二人が逃げて行くというエンディングを提案するなど、兄のアイディアには同意しかねるところも多い。

しかし、アニメを巡る映画界の現状認識は傾聴に値する。

兄は、トーキー映画のみならずラジオやテレビなど業界が激変していることに触れ、弟チャップリンがキャリアの分岐点にいることを指摘した上で、そんな中、悠長に数年の時間をかけて作品を作っている弟に苦言を呈している。巨万の富も健康を害せば一夜にしてなくなるし、作品公開の間が空き過ぎると人気を失うと説き、次のように書いている。

> スクリーンから長く離れていることによっても、お前は自分の稼げる力を破壊してしまう可能性があるんだ。1916年には、お前は世界中ほとんどすべての子供たちのアイドルだった。お前はカエサルだって知らなかったほどの大きな帝国の王様だった。お前の臣下だった子供たちに何が起こったのか？　子供たちはお前を忘れてしまったのか？　違う。お前が子供たちを忘れてしまったのだ。お前は子供たちがわからないところで演じている。ミッキーマウスがお前から子供たちを奪ってしまった。子供たちの心が変わることはない。世界は常にサーカスを必要とし、子供たちはいつだって身体の滑稽な芸を笑い、大人だってそうなんだ。

ミッキーマウスが放浪紳士チャーリーに代わって子供たちの人気の的になったことを認め

ている通り、兄はウォルトを高く評価し、同じ手紙の中でディズニー社との契約を失ってしまったＵＡを間抜けと罵《ののし》っている。また、アニメが子供たちの娯楽ではなく、今後「アート」として認められ、さらには人の様々な表情を大量に写真を撮り、それをアニメーションとして動かすと身体の限界を超えた映画が作れるのではないかと、今で言うＣＧアニメのアイディアまで披露している。

むろん、兄は弟の真価を知っていた。「世界はまだお前の才能の多彩さを半分も見ていない」。その上で、こんにちのアニメ人気の中、放浪紳士のキャラクターを頻繁にスクリーンに登場させるために、解決策を提示する。それは、チャップリンのアニメ化だった。

もしこんにちアニメーション漫画において大いに人気を博すようなキャラクターがこの世にあるとすれば、お前のキャラクターだ。（略）お前は著作権を保持しながら（放浪紳士を）脇役のキャラクターとして、小さな役で登場することを許可するのだよ。お前自身は、二流の喜劇俳優の助演なんてしないだろう？　アニメーションのキャラクターにそれをやらせるのはどうだ？（括弧内筆者が補足）

その時は、チャップリンは兄の意見に耳を傾けなかった。その代わりに、全体主義の恐怖と真っ向から闘う『独裁者』に取り組むこととなる。もし、ディズニー・アニメの第一次黄金期とも言える１９３０年代に、チャップリンがアニメーションに進出していたら、映画の歴史はどんなものになっていただろうか。しかし、彼には目先の人気よりも大切な闘いがあったのだ。

ディズニーは、キャラクターの創作とストーリーの大切さといった芸術面と、権利の保持や配給会社との条件交渉などのビジネス面をチャップリンから学んだ。彼の成功の秘訣は喜劇王の教えにあった。さらに、それを分業制にすることで、末端まで創作意欲を湧かせ、ディズニー社を、個人商店だったチャップリンをしのぐ大会社へと育てていった。

トーキー導入の波に乗り、テクノロジーを使いこなして誰も乗り出したことのないカラー・アニメや長編アニメなどに挑戦し、成功を収めた。また、１９３０年代にライヴァルだったフライシャー兄弟のヒット作「ベティ・ブープ」シリーズがニューヨーク的なお色気で人気を博していたものの、１９３４年以降に厳格運用されたハリウッド映画の自主的な検閲規定である「ヘイズ・コード」に引っかかって、その持ち味を失ってしまったこともあり、

ディズニー（右）とチャップリン。カリフォルニアのサンタ・アニタ競馬場にて（1939 年）写真：mptvimages/アフロ

家族で見られるディズニー作品の独壇場となるといった幸運もあった。不況時には現実逃避できる童話とファンタジーが大いに受けた。時代は常にディズニーの味方をした。

こうして、ディズニーはチャップリンと完全に並び立つに至った。

二人の友好関係は、１９３０年代末になっても変わらなかった。１９３９年3月24日付のアメリカ各紙に、二人が連れ立って競馬に行っている様子が写真入りで報道された。「自分たちの楽しみ」という見出しで、「世界でもっとも楽しみを与えている二人が、カリフォルニアのサンタ・アニタ競馬場で一緒に写真に収まる」と記事に書いてある。

その時のことについてのディズニーの回想からは、二人の無邪気な天才の関係がうかがい知れる。チャップリンは、突如競馬場で次回作の中のギャグを披露し始めた。ディズニーは興奮して師の演技に夢中になった。

> 彼は楽しさでいっぱいの人だった。道化になってストーリーを演じることを愛していた。ある時、サンタ・アニタ競馬場に一緒に行った。彼は次回作の視覚的なギャグを私にやってみせていた。「今、おちびさんがこうやって」とパントマイムをして、「それから、彼はこうする」チャーリーは自分の演技に没頭して、私たちの周囲に群衆が集まって来たことに気づいていなかった。そして、群衆はチャーリーの人物描写のペーソスに心を奪われて、すっかりレースのことなど忘れていた。[24]

チャーリーとウォルトが出会い、両雄が君臨した１９３０年代――トーキーとカラーの時代が来たハリウッドにはサイレント時代からの大御所スターに加えて、政情不安なヨーロッパからの移民の才能も結集してきた。この頃からアメリカが第二次世界大戦に参戦するまでの間は、従来のコメディやドラマが成熟したところに、新たにミュージカル映画が流行し、アニメーションや恐怖映画、ギャング映画など多様なジャンルで花盛りとなったハリウッド

24　Rasky, 1964.

の黄金期の一つだ。その時代の三大メガヒット作品といえば、言うまでもなく『風と共に去りぬ』（1939年）、ディズニーの『白雪姫』、そしてチャップリンの『独裁者』だ。

本章の締めくくりに、ジャーナリストのスチュアート・スコットによる「チャップリンとディズニーへの映画界の借り」と題された当時の新聞記事を引用しておこう。1930～40年代の新聞には二人への賞賛の言葉があふれていた、その一例である。


映画というメディアを通じて世界に価値ある何かを本当に与えた二人の映画人＝チャップリンとディズニー

チャップリンは、疑いの影もなく、彼の映画において人々の99パーセント——希望と情熱、喜びと悲しみを持つ市井の人々——を代表している。それは、単に彼が映画の喜劇人の中でもっとも偉大だという理由によってではない。こういう言い方を好むとしたら、彼は、人間そのものを人物化した存在だ。

ディズニーは偉大だ、そしてまだまだもっと偉大になるかもしれない。なぜなら、彼の絵はハリウッドのグラマー女優が束になっても及ばないような、多くの特徴を持つからだ。（略）ディズニーは、ぞっとするほどの不誠実な映画が大半をしめる映画娯楽に、素晴らしい価値を持つ明るい光を灯し、世界に貢献した。[25]
二人がともにいた時代は、両者の黄金期でもあった。

25　*"Shelfield City Telegraph"*（１９４０年2月16日。チャップリン・アーカイヴ・ファイル番号１６９０）。

第5章
戦争　二人の別れ

＊ファシズムの足音

１９２０年代、アメリカは世界の中心に躍り出て栄華を極めた。しかし、１９２９年のニューヨーク株式市場の株価大暴落に端を発する世界恐慌の傷が癒えないまま、30年代は政治的・経済的に不安定な時期となる。失業率は増大し、労働者たちはより良い条件を求めてストライキを繰り返した。

映画界もまた激動の時代を迎えていた。１９２０年代にサイレント映画は頂点を極めたが、30年代にはトーキー一色となり、さらにカラー化が進むなど相次ぐ技術革新で、以前とはまったく異なった産業になっていた。変化に順応できず多くのスターが去り、ニューフェイスが台頭してきた。さしずめ、ディズニーは技術革新の波に乗ってトップにのぼり詰めたニューフェイスの代表格で、チャップリンはサイレントとトーキーの二つの時代でスターであり続けた稀有な存在だった。

不況の時、人々は安価な娯楽で現実逃避に走る傾向があるので、他の産業に比べれば映画産業への打撃は少なかった。ただ、上昇する物価と頻発するスタッフのストライキが映画製作者たちを悩ませることになる。

国際的に見ると、イタリアとドイツでファシズム政権が成立したことで、両国とその植民地でのアメリカ映画上映が減ることが予想され、収益の大半を海外に頼るハリウッド映画の製作者たちは戦々恐々としていた。

混迷を深める30年代を、ディズニーとチャップリンはいかにして乗り越えたのだろうか？　両者の作品とファシズム期のヨーロッパ、主にドイツとの関係に絞って見ていくことにしよう。

＊チャップリンとファシズム

チャップリンは、デビュー１年後の１９１５年にはドイツでも作品が公開された。すぐに人気に火がついたことは、早くから「チャーリー・カップリン」なる物真似俳優が登場していたことでもわかるだろう。他の国々と同じく大衆から文化人までが夢中になり、１９２２年には著名な劇作家であるクルト・トゥホルスキーが、チャップリンを「世界でもっとも有名な人物[1]」と讃え、小説家のカフカも彼の大ファンだった。『キッド』は「世界的映画（ヴ

１　*"Prager Tagblatt"*（１９２２年7月22日）。

エルトフィルム）」と銘打たれて大ヒットを記録した。

一方で、1920年代初頭は、ナチスがミュンヘンの地方政党として徐々に存在感を増してきていた時期だった。ただ、のちに『独裁者』において真っ向からぶつかることになるチャップリンとヒトラーだが、当時のナチス機関紙「フェルキッシャー・ベオバハター」はチャップリンを敵視していない。

その理由は単純なもので、当時ナチスはチャップリンをユダヤ人と思っていなかったから、である。

ヒトラーが発明した政治手法とは、世界の不安の元凶はただ一つ、すなわちユダヤ人であると限定した点にあった。（敵を一つに定めて徹底的に叩いて喝采を浴び支持率をあげるやり方は現代のポピュリストにも受け継がれている。）ナチスは、その一点のみで物事を評価するので、映画の内容がどうということよりも、まず「監督や演者がユダヤ人かどうか」が評価の基準となった。『キッド』の名子役ジャッキー・クーガンは、なぜかナチス幹部のゲッベルスが彼をユダヤ人と思ったことで猛バッシングの対象となった。チャップリンは当初ユダヤ人とは思われていなかったので、ナチスはとくにコメントをしていなかったというわけだ。むしろ、1925年11月に兄シドニーの新作映画がドイツで公開された時、彼のことを「かの有名なチャーリー・チャップリンの兄である」と紹介しているほどだ。

しかし、１９２６年になって、突如チャップリンへの攻撃が始まった。

この年の2月18日、ベルリンのキャピトル劇場で代表作『黄金狂時代』のドイツ・プレミア上映が行なわれた。有名なロールパンのダンスシーンに観客が喝采してアンコールの声が響き、映写技師がもう一度巻き戻して上映したという伝説的事件も起こったほど、ドイツ国民のチャップリン熱は最高潮に達していた。

ところが、この時ナチスが噛みついた。映画の内容に対してではない。ドイツの有力映画雑誌「イルストリアター・フィルム・クーリエ」の『黄金狂時代』特集号にコメントを寄せた演出家マックス・ラインハルトら三人の文化人がすべてユダヤ人だ、というのが彼らの攻撃の理由だった。

チャップリンはユダヤ人ではない。しかし、みずから積極的にそのことを発言することはなかった。「ユダヤ人かどうかについて答えることは反ユダヤの術中にはまる」というのが持論だった。

しかし、ユダヤ人知識人たちが『黄金狂時代』を褒めたことで、「ユダヤ人が褒めるということは悪い映画だ。チャップリンもユダヤ人に違いない」とナチスは考えた。以降、ナチスはチャップリンを徹底的に攻撃する。

そんな、ファシズムが勃興しつつあったこの時期、チャップリンはヨーロッパを訪れている。

迫り来るトーキー映画の脅威の中、チャップリンは『街の灯』をサイレント映画として完成させたのは前述した通りだ。喜劇王のプライドをかけた本作は大ヒットを記録したが、チャップリンはまさに精根尽き果てていた。この時の心境を、「恋と名声と富という幻滅を味わい、私はなんとなく無感動になってしまった。（略）私には感情の刺激が必要だった」と記している。[2]

そんなわけで、『街の灯』公開直後の１９３１年２月にニューヨーク港を出発して、世界旅行へと旅立った。

チャップリンもディズニーも知識階級の出身ではない。とくにチャップリンはほとんど学校に通えていない。しかし、ディズニーがあえてインテリぶらず「気のいいアメリカのおじさん」であり続けたのに対して、極貧から身を立てたチャップリンはインテリや著名人と積極的に交わって、知識を得ようとした。『自伝』には著名人との交わりが多く書かれているが、あの俗物根性も下層階級から抜け出したいイギリス人特有のものだった。

チャップリンはヨーロッパ各地で各界を代表する人物と会談した。イギリスでは、作家のH・G・ウェルズや政治家のウィンストン・チャーチルらと大恐慌後の政治経済について語り合い、ドイツではアインシュタイン博士と意見交換した。イギリス初の女性議員であるアスター子爵夫人主催のパーティーでは、「皆さんにムッソリーニのような独裁権力があればどうしますか?」というお題に、国内政策としてはワークシェアリングの実施で失業者を減らし、貿易においては国際主義を取ることを提案した。実際、チャップリンはこの頃世界の危機を救うにはどうすればいいか真剣に考えて、「経済解決論」なる論文を執筆していた。その未完の論文では、ヨーロッパの通貨統合を唱えて、その貨幣を「リーグ」と名付けている。なかなかの先見の明と言うべきだろう。

この旅行の途中、ファシズムが台頭するヨーロッパ各国で、チャップリンは不愉快な経験

2　Charles Chaplin, ed. Lisa Stein Haven, *A Comedian sees the World* (Columbia:University of Missouri, 2014), p.23.

をする。

フランスでは、テニスコートで偶然出会った気のいい青年に、「愛国心は、かつて世界に存在した最大の狂気だ。私はこの何ヶ月かヨーロッパの各国をまわってきたが、どこでも愛国心がもてはやされていた。これがどういう結果になるかというと、また新たな戦争だ。願わくば、この次の戦争では、老人を前線に送ってもらいたいね。今日のヨーロッパでは、真の犯罪者は老人なのだから」と思いの丈を述べたところ、実はその青年は新聞記者で、翌日の新聞に「非愛国者チャップリン」の見出しが躍った。[3]

ベルリン駅では大勢の歓迎を受けたが、その中にゲッベルスが工作員を紛れ込ませて妨害しようとした。チャップリンに熱狂する大群衆を前になす術のなかったナチスは、その様子をフィルムに撮り、「ユダヤ人の道化師を敵とは知らずに大勢の人が出迎えています」とナレーションを加えて映画館で上映した。[4]

ナチスがチャップリンを執拗に攻撃したのは、前述の通り彼らがチャップリンをユダヤ人だと思い込んでいたことと、チャップリンとヒトラーが同じ髭を生やしているという、二つの理由からだった。

４日違いで生まれた両者はお互い知らずに同じ時期に同じ髭を生やし始める。１９３０年代にヒトラーが台頭すると、両者の風貌が似ていることが、たびたび話題にのぼった。口ひげの他にも、二人とも幼少より芸術家を目指し、底辺の生活を経験し、そしてなにより世界に君臨する天才であることといった共通点は当時から注目されていた。総統が、よりによってヒューマニズムを描くコメディアンと同じ髭を生やしていると、パロディの対象となってしまい、イメージ戦略を重要視するナチスにとって都合が悪かった。だからといって、剃り落とすわけにもいかない。

そんなわけで、ナチスは徹底的にチャップリンを攻撃し、そのイメージを排除する政策を取った。のちにナチスが１９３３年１月に政権の座に就くと、矢継ぎ早にチャップリン禁止政策を繰り出し、１９３５年までにすべてのチャップリン映画の上映を禁止し、チャップリンのポストカードの販売も禁止。果てには、すべてのマスコミに「チャップリンを褒めてはいけない」という命令まで出した。イメージの力、メディアの力を使って権力を握ったヒト

3　ロビンソン、『チャップリン　下』、１２９頁。

4　ナチスのプロパガンダ映画“*Der ewige Jude*”（１９４０年）にもその様子は引用された。

ラーは、チャップリンの笑いと平和のイメージこそが大きな脅威となることを知っていたのだ。

チャップリンはドイツ滞在中、労働者街で失業に喘ぐ人々の声を聞き、インドの貧民街では大勢の浮浪者を見て心を痛めた。イタリアではムッソリーニとの会談を望んだが、ファシストは決して喜劇王と会おうとはしなかった。その後訪れた日本では五・一五事件の標的として命を狙われた。世界旅行でファシズムの萌芽をつぶさに観察した彼は、アメリカに帰国後、喜劇人として世界の危機に対して笑いを武器に立ち向かうことになる。

＊チャップリンの闘い

1937年に、イギリス映画界のプロデューサー、アレグザンダー・コルダが「放浪者チャーリーがヒトラーと同じようなヒゲをはやし、人違いされる喜劇を、二役で作ったらどうだろうか」と提案した。当初はその提案を気に留めていなかったチャップリンだが、それが自分のキャラクターにとってまたとないチャンスであることに気づく。

これだ！　ヒトラーに扮するときには、デタラメ言葉を繰り出して群衆を前に演説をぶちあげ、好きなだけしゃべりまくればいい。そして、浮浪者に扮するときには、ほとんど何もしゃべらなければいいのだ、と。ヒトラーの喜劇は、風刺劇とパントマイムを両立させる絶好の機会だった。[5]

放浪紳士チャーリーが安易にセリフを喋れば、長年かけて築いた彼のイメージが崩れてしまう。しかし、このアイディアだと、独裁者役の時はデタラメなドイツ語など言葉のギャグを存分に使って風刺し、ユダヤ人の床屋のキャラクターの時はあまり喋らずにサイレント映画からのイメージを守ることができる。大切なキャラクターを守りながら、そのイメージを武器に、同じチョビ髭を持つヒトラーへの痛烈な風刺を展開できるというわけだ。こうして、世界恐慌の後、各国で軍国主義が台頭する中、『独裁者』製作を決意した。

１９３８年前半からアイディアを練り、同年秋からストーリー構築を開始。年が明けて１９３９年からスタジオでの準備や脚本執筆を本格化させた。

『独裁者』製作の噂が流れると、ドイツは外交ルートを通じて妨害工作を始めた。ヒトラー

５　『チャップリン自伝　栄光と波瀾の日々』、４６９頁。

は、1939年1月30日の国会演説において、「反ナチ――すなわち、反ドイツ映画の製作を企図しているというアメリカ映画会社の声明は、ドイツにおける反ユダヤ映画の製作を誘発するものでしかない」[6]とチャップリンを念頭に置いて批判した。

ドイツだけではなく、アメリカ国内からも激烈な批判がチャップリンに向けられた。ハリウッド映画は輸出産業であり、海外市場を失うことは産業の死を意味する。映画会社はドイツの検閲に引っかからないように、ナチスのいいなりになっていた。業界は保身のために、『独裁者』製作をやめさせようとした。ドイツに多額の投資をしていたアメリカの財界も、ソヴィエト連邦の共産主義に対する防波堤の役割をナチスに期待していた政界も、一斉に反発した。

なにより、アメリカ世論の大部分がヒトラーを支持していた。今では信じがたいことだが、当時まだ中立国だったアメリカでは、世論調査で反ユダヤ主義を標榜する人は全体の9割を超えていた。恐慌を切り抜けたリーダーとしてヒトラーは英雄視されていたのだ。

1939年2月7日にUAは『独裁者』製作を公式に発表した。世論は一斉に沸き立ち、2月15日付の「ニュートン・カンザン＝リパブリック」紙には、できあがった作品が面白くなければ、「アメリカ政府はヒトラーとムッソリーニに謝罪し、チャップリンを牢屋に入れなければならない」[7]といった記事まで掲載された。

アメリカ国内だけではない。ドイツに宥和政策を取っていたイギリスは、外務省の役人をチャップリン撮影所に派遣するなど、国をあげて製作を中止させようとした。

そんな中、世界中が恐れていたことが起こった。１９３９年９月１日にヒトラーがポーランドに侵攻して、第二次世界大戦が始まったのだ。

そして、その８日後——チャップリンは、あたかも参戦するかのように『独裁者』の撮影を開始した。

１９４０年3月末までかかって本撮影を終え、あとは、独裁者ヒンケルと間違われたユダヤ人の床屋が、大群衆を前に平和と民主主義を訴える演説をするラストシーンを残すのみとなった。

その間ドイツは破竹の勢いで進撃し、５月10日に西部戦線の総攻撃を開始、５月15日にオ

6　“*Birmingham Mail*”（１９３９年3月31日）。
7　“*Neuton Kansan-Republic*”（１９３９年2月15日）。

ランダ軍が降伏、17日にはフランスの要塞「マジノ線」が崩壊、同日ベルギーの首都ブリュッセルが陥落した。その間、ソヴィエト連邦でもスターリンが『独裁者』の上映を許可しない決定をくだしたと報道され、[8]いよいよ主要国すべてで上映の見込みが立たないという異常事態になっていた。4月以降、撮影はストップしたままだったので、各新聞社は、チャップリンが『独裁者』製作を中止したのではないかと報道した。

これに対し、チャップリンは談話を発表した。その談話は短いながらも、『独裁者』製作にかけるチャップリンの信念を雄弁に物語る。

> 私が新作から撤退するという報道はまったく根拠のないものです。私は今編集作業に入っており、音との同期作業が済み次第、映画は公開されるでしょう。今以上に、世界が笑いを必要としている時はありません。このような時代においては、笑いは、狂気に対しての安全弁となるのです。[9]

数ある名場面の中でももっとも重要なシーンといえば、何と言っても、ラストの床屋の演説であろう。

実は、当初チャップリンは、このラストを、床屋の言葉がきっかけで、ナチスの兵士とユダヤ人がダンスを踊るなど、様々な平和的イメージのモンタージュの大スペクタクルにすることを考えていた。ところが、彼は映画としては正統的とも言えるこのアイディアを破棄し、代わりに床屋が６分間の大演説を行なうという賭けに出た。「あの演説で興行収入が１００万ドルは減る」という配給担当に、チャップリンは「５００万ドル減っても構わない」と言い放ち、ヒトラーがパリに進軍した翌日——全世界がヒトラーの恐怖に怯える中、あの世紀の６分間を撮影した。

その後も、公開の２週間前の10月２日まで再撮影を行ない、使用されたネガ・フィルムは完成版の41倍の47万７４４０フィートにのぼった。

１９４０年10月15日、ニューヨークにて『独裁者』のプレミア上映が行なわれた。チャップリンのあまりの大胆さに批評家は戸惑ったものの、それまでのチャップリン映画の中で最

8　“*Glasgow Citizen*”（１９４０年5月12日）。報道では、スターリンは、「ムッソリーニの部分だけの上映なら承認する」と言ったと伝えられた。

9　“*New York Telegraph*”（１９４０年5月23日）他多数。談話発表の日付は5月22日。

高の興行収入を記録した。

この間、ナチスはドイツ国内で「『独裁者』のフィルムを運んでいた船を撃沈した」とか、「イギリスで『独裁者』上映中の映画館を爆撃した」などとフェイクニュースを流し続けた。これらを「戦果」として報道するほど、『独裁者』を脅威に思っていたわけだ。

もう一つ、重要な文書がミュンヘン現代史研究所に残されている。ナチスには、敵国の重要資料を要約して党幹部に報告する部署があった。中でもとりわけ重要な文書は全訳して幹部に渡された。敗戦直前に、それらの文書は焼却処分されたので、全貌はわからない。しかし、全訳された最重要文書が一つだけ奇蹟的に焼け残った。それはチャップリンがイギリスの新聞に答えて、「何が起ころうとも全体主義は存続しません」と訴えかけるロングインタビューだった。メディアの力で権力を掌握したヒトラーはメディアの怖さを知っていた。それゆえに、『独裁者』が自分の命取りになるだろうことを理解し、なんとか潰そうとしていたのだ。

しかし、二人の闘いに決着がつく。

ヒトラーの武器はあの類まれな演説だった。多い時は1日に3回も演説をして、民衆を高揚させ支持を集めた。しかし、『独裁者』が公開された翌年に行なった大演説はわずか7回、その次の年は5回と激減する。チャップリンに笑い者にされたことで、ヒトラーのイメージは地に堕ち、その武器が奪われたのだ。

リアルな戦場で勝敗が決まる前に、メディアとイメージの戦場では勝負がついていた。チャップリンは、笑いこそ全体主義の恐怖への大きな武器となることを証明した。[10]

＊ミッキーマウスとドイツ

さて、同じ頃、ファシズム期のドイツにおけるディズニー映画の受容はどうだったのだろうか。

話を１９２０年代に戻そう。ディズニー作品がドイツで初めて上映されたのは、１９２７年のことだ。国内の映画産業保護のためにドイツでは海外映画輸入の際に検閲があったが、この年の7月12日、オズワルド・シリーズの最初の作品『トロリー・トラブル』が『オズワルドと路面電車』というタイトルで検閲に通った。[11] 配給はユニバーサルのベルリンでの子会

10　チャップリンとヒトラーの闘いの詳細については、拙著『チャップリンとヒトラー　メディアとイメージの世界大戦』（岩波書店、２０１５年）を参照されたい。

社、ついで娯楽専門のズート・フィルム社が行なった。その後も１９３０年にかけて何本かのオズワルド・シリーズとアリス・シリーズ全56本のうち22本が上映されたが、ドイツでもフィリックスが人気でディズニーの名前は広まらなかった。

ドイツでディズニーの一気に名を広めたのは、やはりミッキーマウスだった。１９３０年1月17日に最初のミッキー映画が検閲を通り、『シリー・シンフォニー』の『骸骨の踊り』などとともに、2月17日にベルリンの映画館でお披露目となった。その特別上映のタイトルは、「ミッキー、世界に知られたトーキー・ネズミ、そしてシリー、とてもおかしなジャズ交響曲」というもので、ドイツでもトーキー・アニメーションが大きな話題を呼んだことがわかる。

ミッキーマウスのキャラクターはドイツでも人気沸騰し、いろいろなグッズが作られたが、ドイツ市場はロンドンのウィリアム・バンクス・リーヴィという人物を経由してライセンスを出していたため、ミッキーのグッズというよりミッキーにインスパイアされた二次創作のような趣もある。飲酒をしたりタバコをくわえるミッキーなど、(初期のミッキーは飲酒シーンがあったとはいえ)イメージから掛け離れたポストカード類も販売されていた。その後１９３０年7月15日に外国のアニメーション映画に関する帝国法が公布されても、業界団体は人気のディズニー作品を自由に上映したかったので、外国産の短編アニメーションの公開本数規制からディズニー作品を除外すると決めた。

興味深いことに、ミッキーマウスは、１９３０年代のドイツにおいて、「圧政への抵抗のシンボル」と「ナチス政権のお気に入りキャラ」の、両方の役割を演じていた。

１９３１年7月28日付の「イルストリアター・フィルム・クーリエ」誌は、「小さなミッキーマウスを、ハーケンクロイツと煽動に反対する目印として身につけよう」と書いている。ファシズムが伸長し息苦しさを感じていたドイツの大衆は、ミッキーマウスにアメリカの自由を感じていたのだ。

その一方で、ヒトラーをはじめ、ナチスの幹部はディズニー作品のファンだった。ナチスの政権獲得以降、チャップリン映画の上映は禁止されていったが、ディズニー作品は変わらず上映されていた。映画館主のヨーニッヒカイトは「首相官邸でディズニー映画が熱心に観られていたことは、映画関係者の間で広く知られていた」と証言する。[12]　１９３７年12月22日

11　カルステン・ラクヴァ著、柴田陽弘監訳、眞岩啓子訳『ミッキー・マウス　ディズニーとドイツ』（現代思潮新社、２００２年）、10頁。

付のゲッベルスの日記によると、彼はその年のクリスマスに、ヒトラーにミッキーマウス映画18本をプレゼントしている。

なぜナチスはディズニー映画を好んだのだろうか。

一つは、メディア戦略を重視していたナチスが、最新技術であるトーキーとテクニカラーを駆使したアニメーションを高く評価していたからだ。ナチスのプロパガンダ映画を撮ったレニ・リーフェンシュタールは、１９３８年12月８日にハリウッドを訪れてディズニーに面会している。ディズニー映画の技術をナチスのプロパガンダ映画に応用しようとしていたのだった。

もう一つの理由としては、やはりウォルト・ディズニーがユダヤ人ではなかったこと、さらには「ドイツ人説」が出るほどだったことが大きい。ナチスの文化映画研究所の所長ハンス・キュルリスは、第二次大戦中の１９４１年５月にディズニーがドイツ人で本名は「ヴァルター・ディストラー」だという説を唱えていた。[13] ドイツのおとぎ話を題材に多くの映画を作っていた彼のことをドイツ人と思っていた人は一定数いたようだ。

ディズニー本人の方も、メルヒェンの国ドイツに親近感を覚えていたことはもちろん、当初ナチスに対してそれほどの反感を持ってはいなかった。

彼は、ナチスが政権を獲得した2年後の１９３５年にドイツを含めたヨーロッパを訪問する。きっかけは、火の車だった会社の財政や、手塩にかけたアニメーターたちの裏切りなどに悩み、極度のうつ状態にあった弟を見兼ねた兄ロイが気分転換に旅行に出てはどうかと勧めたことだった。ちょうどウォルトにとっても結婚10周年であったので、兄弟は夫婦同伴でヨーロッパに旅立つことにした。

１９３５年6月2日にニューヨークに向かい、そこからイギリスに渡って、ロンドンでは大群衆に迎えられた。その後、湖水地方、スコットランドを巡り、パリに入って国際連盟からミッキーマウスにメダルが贈られた。フィクションのキャラクターが国際機関から表彰をされるのは史上初のことだった。

フランスでは第一次大戦の際に滞在した思い出の土地を訪ね、ドイツ、スイスを経てヴェ

12　前掲書、１０１頁。
13　前掲書、１２２頁。

ネツィア、ローマとまわった。この時、ヨーロッパの古い街並みと建物を見学したことが、のちの作品やディズニーランドの設計に大きな影響を及ぼすことになる。

ローマでは、チャップリンとは決して会おうとしなかったムッソリーニが、ディズニー兄弟を執務室に招いて最大級の歓迎でもてなした。ムッソリーニは、ファシズム政治のおかげでイタリアの治安が良くなったことを兄弟に自慢した。

ヒトラーの台頭でヨーロッパ諸国では政治的緊張が高まっていた。そのことが映画界に与える影響について問われたディズニーは「あまり心配はしていない」と記者たちに答えた。のちに１９３８年にドイツがオーストリアを併合した際は、オーストリア国内のディズニー作品をナチスが自由に使えるように兄ロイは許諾を出した。[14]

もちろん、ディズニー兄弟はナチスに共感していたわけではなかったのだが、それにしてもヒトラーと真っ向から闘ったチャップリンに比べると、彼らの態度はナチス寄りに見える。ただ、これは何もディズニーに限ったことではなかった。チャップリンがファシズムと闘うという信念を貫くことができたのは、彼が完全に独立した映画人だったことと、圧倒的な人気と財力ゆえのことだった。他のハリウッド映画人たちはドイツの巨大な市場を失わないようにファシストの機嫌を取ることに注力しなければならなかったのだ。ナチスの意に沿わない映画を作れば、ドイツはもちろん、友好関係にある東欧や日本、南米諸国、果てには英国でも上映禁止となる。それは、海外での売り上げが大半を占めるハリウッド映画にとっては深刻な「経済封鎖」を意味していた。

そんなわけで、例えば、ＭＧＭの社長メイヤーは、ロス・アンジェルスのドイツ領事ゲオルク・ギスリンクが同意しなかった映画についてはシーンを再編集する用意があるとまで言い、ナチスにすり寄る姿勢を見せていた。

ＵＡのヨーロッパ事業の責任者であるアーサー・ケリーは、ナチスの政権獲得のわずか２日後にドイツを訪れ、新体制におけるビジネス・パートナーを探している。「私たちはドイツ市場に注目のまなざしを向けようとしています。私たちのカラー映画『シリー・シンフォニー』がドイツにやってきます。おそらく『ミッキーマウス』もテクニカラーで上映するでしょう」とリップサービスとも言える声明を発表。[15] その年の12月にはナチスと関係の深いウ

14　前掲書、１５４頁。
15　*"Film Kurier"*（１９４０年2月4日）。

ーファ社との代理店契約にこぎつけた。

１９３０年代を通してドイツでは国産映画の保護のために年々外国映画への検閲と課税が厳しくなり、ハリウッドは徐々にドイツから締め出されていった。「映画と独裁者たち」と題された雑誌記事には、１９３８年１月１日からアメリカの８大映画会社はイタリアから引き揚げ、ドイツでは、米国がドイツ製品に25%のペナルティ関税を課すことへの報復措置として、最後までドイツに残っていたパラマウント、ＭＧＭ、20世紀フォックスの三つの会社は追放されるだろうと報じた。[16]

ディズニー社も、ナチス政権の成立以降、ドイツでの配給会社が倒産したり国外への現金持ち出しが厳しくなったことで、なかなか作品の売り上げの回収ができず苦労し、１９３７年には公式の契約を打ち切った。ただディズニー作品はドイツ国内で最後まで上映されていたアメリカ映画作品の一つで、記録に残る戦中の最後のミッキーマウス上映は１９４１年初頭のことだ。

アメリカの参戦とともに公式にはディズニー映画の上映も禁止されたが、ドイツ軍の爆撃機にミッキーマウスが描かれるなど、大衆の間ではまだ愛されていた。それどころか、ナチス高官たちは庶民には禁じたディズニー作品を密かに楽しんでいた。記録によると、１９４

３年頃まではゲッベルスが『ファンタジア』などの上映会をナチス党員のみで催しており、１９４４年10月21日になっても、外務大臣ヨアヒム・フォン・リッベントロップがドナルドダックの『ホーム・ディフェンス』を帝国映画アーカイブから取り寄せて上映させた。最末期の１９４５年１月15日には、オーバーシュレージエンの地区指導者が「敵の行動傾向について情報を得たい」という理由で『白雪姫』を見ている。それにしても、その地区指導者は毒リンゴを使った作戦でも立てたのだろうか？

＊ディズニーの１９３０年代――ファンタジーへの逃避

映画界激動の１９３０年代にディズニーが取った方策は、映画ビジネスの経営者という観点で見ると、もっとも正しい道であったと言える。

国内においては、不況の中でもトーキー映画が客を集めたことに注目し、いち早く音楽映画を手がけて、その第一人者となった。まだ不安定な技術でコストも高かったカラーに注目し、それを２年間独占使用することに成功した。絶えざるイノベーションこそがブレークス

16　*"News Week"*（１９３９年４月３日）。

ルーになるというビジネスの王道を行った。

ディズニー社の虎の子であるキャラクターについても、ミッキーマウスが大衆的に人気になりすぎて、当初持っていた毒がなくなってきたと見るや、万人受けはしないもののアナーキーな個性のドナルドダックを登場させた。『白雪姫』の七人のこびとや、『三匹の子ぶた』の豚や狼など、わかりやすく親しみやすい個性を大勢そろえてキャラクターのグループ化を進めた。

縮小していく海外市場においては、不安定材料であるファシズム政権を刺激しないように友好関係を保ちつつ、のちに新たな有望市場である南米に触手を伸ばす。その展開を支援したのはアメリカ政府であり、政府当局との密な関係を最大限利用した。

なにより重要な戦略とは、映画のテーマが、ファンタジーの世界へとますます没入していったことだ。先の見えない世界の危機の中、大衆は現実から逃避することのできる夢の世界を、ディズニー作品に求めた。『白雪姫』の爆発的ヒットはそれらの要素がすべてうまく掛け合わさって起きた現象だった。

大ヒットを出した後は、他の追随を許さぬように類似製品を矢継ぎ早に世に問う――これも、優れた経営者ならすることで、ウォルトは業界の先頭を走り続けるべく、『ピノキオ』

『バンビ』の、２本の長編アニメの製作に入った。

ただ、２作目の長編ということで、『白雪姫』でノウハウを得ていたディズニーは予算を大幅に削減した。また、それまでも監督や作画は部下たちに任せていたが、『ピノキオ』では製作統括までも部下に任せてしまった。さらに、リアリズムへのこだわりは『バンビ』において「鹿を解剖する」といった本質と関係ない部分にまで至り、チャップリンからあれほど助言を受けていた長編ストーリーに必要なテーマ（１４９ページ参照）を見失っていた。

過度のコストカット、行き過ぎたアウトソーシング、さらに原点の忘却――ここでは、経営者マインドが裏目に出てしまったわけだ。

ただし、長編２作目の『ピノキオ』の失敗には、別の要因があったのかもしれない。ディズニーはその頃、「コンサート長編」と題した音楽アニメーションの企画に没頭していた。まるで２作目にして普通の長編アニメには飽きてしまい、新たな企てに夢中になった子供のように。

「コンサート長編」はのちに『ファンタジア』と改題される。それは、『シリー・シンフォニー』を発展させたもので、彼の言葉を借りれば、「現実の錯覚に惑わされず、ファンタジーが音楽のかたちをとる」作品だった。

1937年の夏、ウォルトはあるレストランで、偶然に居合わせた指揮者のレオポルド・ストコフスキーと初めて出会った。ロンドン生まれで、アメリカに渡ってからは長らくフィラデルフィア管弦楽団の常任指揮者を務めていたストコフスキーは、当時のクラシック音楽の指揮者としては例外的に、メディアに興味を持ち、みずからも何度か映画出演をして、ラフマニノフら当時新進気鋭だった作曲家の音楽も取り上げて、大衆にクラシック音楽をわかりやすく広める啓蒙活動を積極的に行なっていた。

「ファンタジーが音楽のかたちをとる」アニメーションを作りたいディズニーと、ミッキーマウスの大ファンであるストコフスキーとが意気投合するのに時間はかからなかった。二人は何度もディスカッションを重ね、様々なクラシック音楽を検討して、バッハの『トッカータとフーガ』、チャイコフスキーの『くるみ割り人形』、シューベルトの『アヴェ・マリア』などなじみのあるメロディから、ストラヴィンスキーの『春の祭典』のような前衛的な曲まで、8曲を選び、それにアニメーションをつけることにした。

「もし精神的に芸術的に成長をやめた時には、それは衰弱、死を意味する」[17]と語っていたディズニーだが、『ファンタジア』には二つの「成長」が見られる。

一つ目は、子供や家族向けの娯楽アニメを作ってきたディズニーが、クラシカルなアートに挑戦したことである。『白雪姫』において、アニメーションが実写映画の添え物ではなく、ドラマを物語るものであることを証明したディズニーは、次に高級な芸術に取り組むことによって、アニメーションを芸術へと高めようとした。そして、みずからは、古典音楽と大衆との架け橋となる、現代のマエストロでありたいと願ったのだった。

そのために、ディズニーは大胆にも元の音楽を編集して短くしたり、曲順を入れ替えたりして、初めてクラシック音楽に触れる人にも親しみやすくした。ストコフスキーも、「木の剪定のようなものだ」とその方針を支持した。彼らはクラシック音楽の魅力を大衆に届けようとした。

もう一つの成長とは、ディズニーが終生追い求めた技術革新だ。彼は１９３２年の時点で、その頃実現したばかりのステレオ録音技術に興味を持ち、本作の録音をステレオ技術で行なった。こうして、トーキー、カラーに続いて、映画の音響においても最新技術を導入した。

それだけではなく、最新の音響を完全に再現するために、「ファンタサウンド」と呼ばれ

17　*"Los Angeles Times"*（１９４１年2月21日）。

る音響システムを巨額の費用をかけて開発して、映画館に導入し公開した。さらには、花が咲くシーンでは、花の香りを映画館に充満させる実験までした。のちのドルビーシステムや、近年になって登場した体感型の映画上映（嵐のシーンで水が降ってくるなどの仕掛けを備えたもの）などを先取りしていたとも言える。

完成した作品は、いまだにディズニーのアートの頂点に位置する一作である。緊密な構成と繊細な発色と動きによるアニメーションはもはやモダン・アートであり、その隅々――例えば、水中の泡の一つ一つの細かい動きさえにも艶やかな表情が描き込まれていて、見る者すべてを圧倒する。「くるみ割り人形」にのせて進行するマッシュルームの動きや、「魔法使いの弟子」で永遠に水を注ぎ続ける箒は、前衛ダンスのようだ。アニメーションは子供向けのものだという固定観念を打ち破り、現代芸術作品として提示しようとしたウォルトの思いは達成された。

ただ、それゆえに、本作は万人が楽しめる作品でないことは明らかだった。脈絡もなく繰り出される音楽と抽象画は、娯楽を求める一般大衆には難解すぎた。また、クラシックの専門家から見れば、ウォルトの音楽的教養はあまりに素人的で、マエストロ気取りが鼻についた。

というわけで、『ファンタジア』は１９４０年11月に公開されたが、大ヒットというわけにはいかなかった。そもそも、96個ものスピーカーを必要とする「ファンタサウンド」が導入できる映画館がほとんどなく、上映そのものが限定的なものにとどまった。しかし、本作はディズニーがデビュー以来続けてきた絶えざるイノベーションの集大成であり、日本の国策アニメ『桃太郎　海の神兵』（１９４５年）にも影響を与えるなど、業界には衝撃を持って迎えられた。最新の技術への執着は、師であるチャップリンにはないものだった。

ディズニーが外形的な映画技術の革新に注力したのに対して、チャップリンは放浪紳士のキャラクターの内面にこだわったと言える。『モダン・タイムス』は、トーキーが本格的に導入されて丸10年の年に、サイレント映画として公開された。映画は、おなじみの放浪紳士がオートメーション化の進んだ工場のベルトコンベアでの単純労働で精神に異常をきたしてしまうシーンから始まる。クビになった労働者チャーリーは、何度も投獄され、せっかく再開された工場で職にありついても、ストライキで仕事がなくなってしまう。混迷する社会の中で懸命に生きる弱者の現実を描いた。

１９３６年の『モダン・タイムス』は、不況下のアメリカでそれなりにヒットしたものの、前作『街の灯』には及ばず、興行成績では翌年のディズニーの『白雪姫』に軍配が上がった。人々は暗い現実よりも明るい夢を見たかったのだ。

その後も、ディズニーは技術革新によってディズニーならではは夢の世界を提供する路線を貫く。『ファンタジア』での大自然が猛威を振るうシーンは、ファシズムの恐怖を描いたなどと解釈されたが、いずれにせよ象徴的に描くことにとどめた。

一方、チャップリンは、笑いを武器にヒトラーと真っ向から闘うことを選んだ。それは、アメリカも含めて世界中で公開の見込みが立たない映画を作るという、プロデューサーとしては愚かな試みだった。

しかし、1940年10月に『独裁者』が公開されると大ヒットを記録。対して、その1ヶ月後に公開された『ファンタジア』は興行的に失敗した。この時期になると、大衆はもはや逃げる時ではないことに気づき、チャップリンの勇気に喝采を送ったのだ。

チャップリンはヒトラー相手にたった一人で立ち向かい、歴史的な作品を残した。しかし、ディズニーもまた、アーティストとして、経営者として懸命にもがき、理想を追い求めた。後世の人間が、どちらかが優れていたなどと軽々しく口にできる問題ではないことは付記しておきたい。いずれにしても現代からは想像もできないほどの混迷の中、みずからの信念を貫いた結果だった。第二次大戦を巡る二人の対照的な言動は、なにより立体的に戦争そのものを浮かび上がらせる。

＊ディズニーの「理想の家族」の矛盾

１９３０年代から40年代、アニメーション界の覇者となっていったディズニーをもっとも苦しめたのは、ファシズムや絶えざる資金難もさることながら、カリスマである自己の虚像と実像の乖離《かいり》、あるいはスタジオにおける理想と現実の矛盾だったのかもしれない。

彼がスタジオ運営において、社員たちと理想の大家族のような関係を作りたいと願っていたことは、前に述べた。

しかし、スタジオの雰囲気は、規模が大きくなるにつれて変わっていった。ディズニーは相変わらず父を演じていたが、スタッフたちは家族の中で子供扱いされることを嫌だと思い始めていた。

彼は、「ここで売っているのはウォルト・ディズニーという名前だけだ」と公言して憚《はばか》らなかった。長らく作画もシナリオも監督もしなくなっていたが、クレジットは「作画：ウォルト・ディズニー」となっていた。１９３５年に久しぶりに『シリー・シンフォニー』シリーズの『黄金の王様』を監督したが、出来が悪く不評で、二度とディズニーが監督をすることはなかった。また、色紙にミッキーの絵を求められると、スタッフに描かせてサインだけを自分でした。どれだけ頑張っても手柄は〝父〟のものであることに、〝子供たち〟は反発を覚え始めたのだ。

　前に触れた通り、ディズニーはうつから逃れるためにヨーロッパ旅行に出かけたりもしたが、その後も症状が根本的に改善することはなかった。依然として資金問題や他社からの引き抜き、社員の裏切りに悩まされたままだった。人間不信に陥ったディズニーは、幼馴染《おさななじみ》のウォルト・ファイファーや喧嘩別れしていたとはいえ気心知れたアブ・アイワークスを呼び寄せて要職につけた。

　理想の家族の住処としての理想のスタジオを作るべく、１９３９年12月に、バーバンクに新社屋を建設した。旧社屋の４倍の敷地に、機能性を追求したオフィス。リスが跳ね回る木々のある広大な庭はディズニーが少年時代を過ごしたマーセリーンを思わせた。休み時間には社員が芝生に寝っ転がったり、ボール遊びをしたりする。ディズニーが通りかかると、「やあ、ウォルト！」と若い社員たちがボスを呼び捨てで親しく呼びかける。そんな理想郷が実現したとディズニーは喜んだ。

しかし、ほどなくして機能性を重視しすぎたための欠陥が露呈し始めた。旧社屋では社員たちが一堂に会して製作していたのだが、新社屋はワークフローの順番に合わせて、3階の企画・ストーリー部門で考えられた物語が、2階の演出・レイアウト部門に送られてシーンごとに整理され、それを1階のアニメーターたちが描き、地下のカメラで撮影される、といった具合に、上から下に流れるように無駄なく配置された。

しかし、そのために部門を超えた交流がなくなり、スタジオから活気が失われ、新しいアイディアが生まれにくくなった。無駄のなさがかえって仇となってしまったのだ。

そこで、ディズニーはスタジオ内にペントハウスを作って社員との交流を深めたいと思ったが、そこは選ばれた社員しか使えなかったので、スタッフ内の分断はさらに決定的なものとなった。

この分断は、ディズニーにとっても社員にとっても、生涯忘れられない悪夢のような出来事——社員のストライキへとつながっていく。

＊ストライキと組合潰し

１９３０年代後半になると、アメリカの労働者たちに権利意識が芽生え、各地で労働争議が行なわれるようになった。映画界も例外ではなく、ストライキのたびに賃金が上がり、製作費は高騰し、経営者たちの悩みの種となった。例えば、ディズニー社のライヴァルで、１９３０年代には『ベティ・ブープ』や『ポパイ』など多くのヒット作を生み出したフライシャー・スタジオは、１９３７年の半年間にわたるストライキで壊滅的な打撃を受けていた。

　スタジオは自分の家族だと思っていたディズニーは、自社には労働問題など存在しないと思い込んでいた。ウォルトは、厳格なコストカッターだった兄ロイの目を盗んで、アニメーターたちの給料を勝手に引き上げていたほどだったし、『白雪姫』で会社が潤った時には、社員たちに惜しげもなくボーナスを支給し、自慢の新社屋で社員全員無礼講の大パーティーを開催した。

　しかし、古参の社員ならともかく、急拡大後のディズニー社によそから引き抜かれて入って来た新入社員には、会社を家族と思うほどの感情はなかった。システム化された新社屋では、他の部署の同僚と打ち合わせをするにも階段を上り下りして秘書を通さねばならず、一体感は失われていた。なにより、情だけで社員が一丸となってがむしゃらに働く草創期は終わり、労働者がしかるべき権利を主張する時代になっていたのを〝父〟ディズニーはわかっていなかった。

そんな折、１９３８年になって、ディズニー社のアニメーターであるアート・バビットは、国際演芸場労働者同盟（ＩＡＴＳＥ）がディズニー社にオルグを送り込んでいるという情報を聞いた。『白雪姫』の美しくも邪悪な女王の作画を担当したことで知られる優秀なアニメーターであり会社に忠実な社員だったバビットは、すぐにロイに報告した。ロイはＩＡＴＳＥを潰すために、バビットに御用組合を作るように指示し、バビットを委員長に漫画家連盟が結成された。

ところが、いざ漫画家連盟が認可されると、バビットたちは従業員の不満を集めて会社に待遇改善の要求を出すようになった。ロイは、経営側と労働者が友好関係を保つための組合を作ったはずなのに、話が違うと激怒し、漫画家連盟を解散させた。

これで社内の組合問題は終わったかと思われていたが、今度は映画漫画家組合（ＳＧＣ）という組合が、ディズニー社内での組織化を水面下で進めていた。そして、従業員の過半数の署名を集めて、１９４０年12月５日に会社に組合として認知するよう求めた。

これに激怒したのはウォルトで、すぐさまバビットを呼び、ＳＧＣに対抗するために、漫画家連盟を再結成するように命令した。バビットは、一度は要求を拒否しておきながらまた都合よく再結成を迫るディズニー兄弟のやり方に疑問を持った。そして、ある従業員が昼食を食べるお金もなく勤務中に失神したのを見て、ＳＧＣに参加することを決断した。

他の従業員たちも次々とＳＧＣに参加を決めた。厳しい納期とコストカットに耐えながら『ピノキオ』を作り上げた社員たちは、『ピノキオ』が想定以下の収益だったという理由で、ディズニーが約束していたはずの総額15万ドルのボーナスを支払わなかったことに怒り悲しんでいた。

慌てたウォルトは１９４１年2月10日に、全従業員を集めて演説を行なった。すでに、『ファンタジア』公開のためのファンタサウンドへの設備投資と、新社屋建設費などで、『白雪姫』の黒字は食い潰し、また銀行からの借入金に頼る経営に舞い戻っていた。『ピノキオ』の興行成績は想定より１００万ドルも低く、期待された『ファンタジア』は興行的に惨敗し、また『バンビ』を製作していることで経費は増大していた。

ディズニーは会社の窮状を説明し、そんな中でも他社のように給与カットは行なっていないことを強調し、また社内のペントハウスは今後全員に解放するとした。「ただ賃金のために働くのではなく、大きな目的に向かって邁進すべきである」と訴えた。

3時間に及ぶ演説で、ディズニーは「家族」の再結集を図ろうとした。しかし、それはまったくの逆効果だった。従業員たちには、ディズニーの演説は労働問題の解決から目を背けさせ、同情を引くためのお涙頂戴の言い訳にしか聞こえなかった。演説を聞いて、それ以前よりも多くの従業員たちがSGCに参加した。

ディズニーは怒り狂う父となった。そして、組合潰しに全力を注いだ。

彼の尋常でない組合嫌いは、社会主義を信奉していた父イライアスへの反発が大きかった。同時に、イライアスが建設現場で働いていた時に組合員に襲撃された話を子供の頃に聞かされ、組合員を憎むようにもなっていた。

なにより、組合とは、彼の理想である古き良きアメリカの共同社会を破壊するものだと信じていた。みんなが家族のように困った時は助け合い、共通の目的に向かって力を合わせるべきであり、労働者の権利を叫ぶ組合は、アメリカの理想に敵対するソヴィエトの共産主義が送り込んだ毒だと思い込んでいたのだ。

ディズニーは見せしめとして、バビットに仕事を回さないようにし、3月末には賃金カットと残業手当の廃止を発表し、統制を厳しくした。そして政府の労働局の指導にも従わず新たな御用組合を作った。さらには、バビットの身辺を調べ、別件をでっちあげて警察に逮捕させることも画策し、SGC所属のアニメーターを大量に解雇した。

1941 年のストライキの様子。手前に怒ったドナルドが見える
出典：https://libcom.org/history/1941-disney-cartoonists-strike

そんな対立の果てに、とうとうその時がやってきた――バビットが解雇され、会社から追い出されたのだ。

その翌日の１９４１年５月29日、ＳＧＣはストライキに入り会社前にピケを張った。アニメーターのストライキらしく、看板には怒ったドナルドダックの絵が描かれ、ちょうど組合員７００人が参加したので、「白雪姫と７００人のこびと」や、ミッキーマウスにちなんで「私たちはネズミなのか？　それとも人間なのか？」と訴えるスローガンもあった。（ちなみに、フライシャー・スタジオのストライキの時も、彼らが作っていた『ポパイ』にちなんで、低賃金では「ほうれん草も買えない」と書いたプラカードが掲げられた。）

ディズニーは一歩もひかず、逆にスト参加者の写真を撮ってＦＢＩに提供し、「彼らは共産主義者だ」と決めつけた。さらに、ウィリー・バイオフなるマフィアとの関係が噂されていた人物を頼って、バビットを買収し組合運動を懐柔することも試みたが、むろん逆効果だった。

一般世論は労働者たちに同情的で、名だたる俳優たちもＳＧＣへの支持を表明して、ピケ現場を激励に訪れた。やがて、ディズニー作品のボイコット運動が起こるようになると、ディズニーも軟化して、７月30日に労使は賃上げで合意し、ようやくストライキは終わった。アニメーターのジョー・グラントはこの頃のウォルトについて、次のように語る。

> ストライキの前、ウォルトは、平等で公正な社会を目指すには、皆が団結すべきだと考えていた。ある時期、彼は極端にリベラルだった。スタジオの敷地内に従業員のためにアパートを建てることを検討しており、そうすれば全員が大きな幸せな家族としてそこに住めると考えていたのだった。[18]

しかし、グラントのように考えたのはごく一部だった。労働者の権利についてディズニーの認識は、完全に旧世代のままだった。彼がどう思っていたかはともかく、ストライキへの

18　エイミー・ブース・グリーン＆ハワード・Ｅ・グリーン著、阿部清美訳『ウォルト・ディズニーの思い出』（竹書房、２０１３年）、１９２頁。

対応は不当労働行為に他ならない。

だが、本人は後々までこのストライキを破局と呼び、自分の理想を壊そうとする共産主義者の仕業だとして、コミュニストに一層強い嫌悪感を持つようになった。ディズニーのストライキへの弾圧は、社内の信頼関係を破壊し、映画業界にも大きな影響を及ぼした。

そして、なによりそれは、ディズニーとチャップリンの師弟関係に、決定的な破局をもたらした。常に弱者の側に立っていたチャップリンは、この件に深い衝撃を受け、ディズニーが労働者たちに取った態度に強い憤りを覚えた。

そして、それ以降、二度と二人が直接会うことはなかった。

＊チャップリンを陥れた国策スキャンダル

チャップリンは、『独裁者』公開後の１９４２年に、サイレント時代の傑作『黄金狂時代』に音楽をつけ、みずからナレーションを吹き込んで再公開した。これも大ヒットを記録し、喜劇王はそのキャリアの絶頂にいた。

しかし、その後、第二次大戦中から戦後にかけてのチャップリンは、自分の信念にこだわるあまり、ビジネスマンとしては最悪の道を選び続け、そのことでアメリカでの大衆の人気を失うことになる。順を追って見てみよう。

この頃、映画界のみならず大衆に大きな影響を及ぼすチャップリンをアメリカ政府は「危険人物」とみなすようになっていた。１９４１年の秋頃には、アメリカ参戦に反対する政界の保守派の一部が、「『独裁者』はアメリカを戦争へと駆り立てる好戦的な映画だ」と不可解な批判を展開。その後、真珠湾攻撃の後アメリカが参戦すると、今度は、平和主義的な発言を繰り返すチャップリンを「愛国心がない」「共産主義者だ」と１８０度方向を変えて非難した。

有力政治家と懇意にして、国からの融資や協力を取り付けていたディズニーとは違って、チャップリンは政界からのバッシングも気にせずに発言の機会を増やしていった。ある集会で突然キャンセルした話者の代打として講演を頼まれたのをきっかけに、１９４２年から43年の前半にかけて、前線の兵士のために、またアメリカに残る民衆の鼓舞《こぶ》のために、集会での演説を多く引き受けた。それらの機会に、ファシズム国家を挟み撃ちにしようと同盟国ソヴィエト連邦を応援する内容の演説をしたチャップリンは、反共主義者たちから攻撃を受けることになる。

戦争を推し進めるアメリカにとってチャップリンは邪魔な存在だった。ＦＢＩはなんとかチャップリンのスキャンダルをでっち上げようと躍起になっていた。「共産党に多額の寄付をした」などという噂を聞いて調べても、支援の形跡は見つからなかった。喜劇王は共産主義を支持したことはなく、なにより大事なのは個人の自由であり、その意味でアメリカこそ自分の住む国だと考えていた。

困ったＦＢＩは、かつてナチスが出版したパンフレットの中から、チャップリンが本当は東欧の生まれだなどと捏造《ねつぞう》したり、延々と悪口の噂話をファイルしていた。のちに、チャップリンの死後には霊媒師を呼んで、共産主義者だったかどうかを問い詰めているファイルまである。とにかく、なんでもいいからチャップリンを追い詰めようとしていたのだ。

そんなＦＢＩにとって、極めて好都合な女性が現れた。

その頃、チャップリンは、次回作の主演女優として無名の女優ジョーン・バリーと契約した。バリーはチャップリンに好意を抱くようになり、二人は一時期親密になった。その後、バリーと距離を置いたが、彼女はチャップリン邸に忍び込んでピストルで脅して復縁を迫るといったストーカー行為を繰り返した。チャップリンはバリーに故郷に戻るための交通費を払って関係を清算した。

数ヶ月後、バリーは突如チャップリンの子供を身ごもったと主張し始めた。ハリウッドではこのような場合、真偽がどうであれお金を払って和解して、人気に傷がつかないように処理するケースも多かった。だが、チャップリンは、身に覚えのないことで人を強《ゆ》請《す》るのは許せないと、持ち前の正義感で裁判をして身の潔白を晴らすことにした。それは、映画プロデューサーとしては、最悪の選択だった。

ＦＢＩは、このストーカー女性の登場を願ってもない好機として、彼女の認知裁判を全面的に支援した――というより、むしろＦＢＩが筋書きを書き、彼女を出演者として使った、といった方がいい。

最初は刑事事件を仕立ててチャップリンを牢獄に送り込もうとしていたＦＢＩだったが、血液検査でチャップリンの子供ではないという結果が出たことで、彼は無罪となった。すると今度は民事裁判でチャップリンを攻撃する方針に転換し、血液検査を証拠として採用しない州を選んで裁判を起こして陪審員たちを買収し、結果チャップリンが敗訴した。新聞はチャップリンを共産主義者で女性の敵だと書き立て、国をあげてのネガティヴ・キャンペーンを盛り上げた。

こうして、チャップリンは信念を貫くあまり経営者としては最悪の手を選んだことで、戦争中の国策スキャンダルの罠にはめられた。この件で、彼はアメリカでの大衆の人気を一気に失うことになってしまった。

＊軍事工場化したディズニー・スタジオ

ストライキが収束した直後、ディズニーは南米へと旅立った。うつ状態にある弟を見かねたロイが、アメリカ国務省に働きかけ、ウォルトを親善大使にして南米に旅行できるようにしたのだった。南米諸国は従来ドイツの影響が強かったが、第二次大戦でドイツがヨーロッパ戦線に力を注いでいる隙に、アメリカは南米諸国との関係を強化しようとしていた。映画を使った外交のために、政府当局にとってもディズニーをパートナーに選ぶメリットは大きかった。

極端な神経衰弱状態にあったディズニーだったが、南米に行けるとなると「現地の風俗習慣について映画を作りたい」と言い出したのはクリエイターのさがであろう。

南米行きはディズニー社にとっても渡りに船だった。戦火のヨーロッパで市場が縮み資金繰りに窮し、またストライキで優秀なアニメーターを多く失ったため、もはや長編アニメーションを作る力は残っていなかった。この非常時を乗り切るためには国家の力に頼るしかなかった。

１９４１年10月に帰国すると、バンク・オブ・アメリカは融資を認める代わりに、今製作中の作品を除いてリスクの高い長編アニメの製作を中止するよう求めてきた。長編アニメの製作中止は、ディズニーの芸術活動の死を意味した。しかし、チャップリンのように完全に経済的に自立していたわけではない彼は、銀行に従わざるを得なかった。

ディズニーは南米旅行の成果として、『ラテン・アメリカの旅』（１９４２年）を製作した。スタッフたちが南米の風景をスケッチする様子を捉えた実写とドナルドたちが南米を冒険旅行する短編アニメ４本を組み合わせたオムニバスは、かつての長編とは程遠い駄作だった。（ただし、戦後になって、のちの副大統領ネルソン・ロックフェラーはディズニーに手紙を送り、南米視察と映画が「南米大陸との関係にきわめて有益な影響」を及ぼしたと絶賛した。ちなみに、フランクリン・ローズベルト大統領はチャップリンの『独裁者』について、ドイツを刺激したことで南米との関係を危うくしていると非難しており、アメリカ首脳が二人の作品に対照的な評価をくだしていることは注目に価する。）

アメリカ時間の1941年12月7日、日本が真珠湾攻撃をして、アメリカは第二次世界大戦に参戦した。太平洋戦争の開戦は、ハリウッドに大打撃をもたらした。ディズニー社のライヴァルだったフライシャー・スタジオは、開戦2日前に社運を賭けた長編アニメ『バッタ君町に行く』を公開していたが、開戦の影響で興行は打ち切りとなり、若き日のディズニーたちが憧れた『インク壺から』を生んだ名門スタジオは翌年5月に倒産してしまった。

ところが、ディズニー社の場合は違った。ディズニーと政府当局の近さゆえか、それとも新社屋の設備が良かったという理由か、アメリカ軍は開戦とともにディズニー社を接収して、日本の攻撃に備える拠点とした。ディズニーはかんかんに怒ったが、スタジオ経営にはプラスに働いた。さっそく開戦の翌日に、海軍から「軍用機と軍艦の種類を識別するための教育アニメ」20本を9万ドルの国家予算で製作して欲しいとの依頼があったのだ。

さらに、財務省からは納税促進映画『新しい精神』の製作依頼を受けた。南米向けにドイツの恐怖を宣伝するプロパガンダ映画も請け負った。名匠フランク・キャプラ監督による、参戦理由を国民に説明するために作った映画『我々はなぜ戦うのか』のアニメーション部門も担当した。ディズニー・スタジオには大勢の軍人がやってきて、プロデューサー気取りで映画作りを指揮した。

ディズニーも嫌々やらされていたわけではなく、彼の信じるアメリカの理想を守るために、積極的に戦意高揚映画に携わった。まだ戦闘の中心が陸軍と海軍だった時期に、飛行機の重要性に着目し、長距離爆撃機こそが戦争を勝利に導くということを描いたアニメーション『空軍力の勝利』を、国からの依頼ではなく自分の意志で夢中になって製作した。

ミッキーマウスやドナルドダックは今や戦意高揚のマスコットになっていた。『総統の顔』（１９４３年）では、ドナルドが悪夢の中でナチス・ドイツと思しき国の住人となり、ヒトラー、ムッソリーニ、そして黄色い皮膚で極端な出っ歯として描かれる昭和天皇に向かって、「ハイル裕仁！」と敬礼するシーンが描かれ、『ドナルドの襲撃部隊』（１９４４年）では、「敵を後ろから狙うのが日本のやり方だ」と日本軍の卑怯さを批判した。（ちなみに、『総統の顔』では、ベルトコンベアで次々と流れてくる

『総統の顔』の楽譜。ドナルドがヒトラーの顔にトマトを投げつけている
写真：Galerie Bilderwelt/Getty Images

兵器を検品し、コンベア上にヒトラーの肖像画が流れてくると敬礼するという『モダン・タイムス』を模倣したギャグがあり、チャップリンと思想は違えても、ディズニーにとってインスピレーションの源であり続けたことがわかる。）

むろん、戦時中ゆえ、ディズニーに限らず、またアニメ・実写を問わず、多くの映画人が戦争協力映画を作った。パラマウントも１９４２年にポパイを主演にしたアニメ映画『ジャップをスクラップ』（"*Scrap the Japs*"）で、ネズミのように描かれる日本兵たちを檻に閉じ込めている。

ただ、クラーク・ゲーブルやジェイムズ・スチュアートらスター俳優たちがボランティアで戦争プロパガンダ映画に協力していたのとは違って、ディズニーは国策映画で多くはないが収益をあげていた。１９４３年のディズニー社の作品の94%は政府の発注によるもので、スタジオは完全に軍需工場と化した。ある戦闘においては連合軍の攻撃作戦のコードネームとして「ミッキーマウス」が用いられるなど、戦争とディズニーは分かちがたい関係になっていた。

１９４５年8月、日本の降伏で、第二次大戦は終結した。

ディズニーは戦意高揚映画を作り続けることで経営的にはなんとか生き延びたが、誰もが愛したミッキーマウスは戦争の暗号になり、ディズニーの芸術活動は一時的に死に絶えることになってしまった。

チャップリンは、平和への思いを貫くことはできたが、国策スキャンダルによってその大衆的な人気は地に堕ちた。

戦争は、二人の天才から多くのものを奪った。

＊『殺人狂時代』

第二次大戦が終わると、戦勝国アメリカに反共主義の狂気の嵐がさらに吹き荒れた。密告を奨励し、でっち上げの罪状でマスコミを使って吊るし上げる。そのやり口はファシズムと何ら変わりはなかった。

勝利に沸くアメリカで、平和論者チャップリンは「共産主義的」とみなされ、かつてはハリウッドの社交場だったチャップリン邸でのテニス・パーティーにも、この頃は誰も近づかないようになっていた。

それでも、チャップリンの創作意欲は衰えず、新作『殺人狂時代』の準備を続けていた。

その間、１９４３年に結婚したウーナ・オニールが困難にある夫を支え続けた。戦後、製作コストが急上昇した結果、チャップリンといえどもかつてのように際限なく撮り直す製作方法は不可能になっていた。撮影前後に長年の撮影所主任など気心知れた仲間が相次いで亡くなり、時代は確実に移り変わっていた。

激変する撮影環境と猛烈なバッシングの中、『殺人狂時代』の撮影は、１９４６年６月３日に始まった。新しい撮影所主任は、チャップリン撮影所にそれまで存在しなかった「効率化」を導入し、撮影は３ヶ月で終了した。『独裁者』が５５９日間の製作期間をかけたことを思うと、大変なスピード・アップだ。

『殺人狂時代』は、チャップリンにとって大きな転機となった。１９１４年のデビューから、１９４０年の『独裁者』まで26年間演じ続けたチョビ髭の放浪紳士チャーリーを捨てて、新しいキャラクターを演じたのだ。

本作の「ヴェルドゥ氏」は、放浪紳士チャーリーとは正反対のキャラクターだ。ぼろぼろの服を着た放浪者ではなく、身なりのいい紳士であり、サイレントではなく饒舌に喋る。女性に対して無垢なチャーリーと違って、ヴェルドゥ氏は手当たり次第に女性を口説いて資産目的で殺す。ささやかな夢を追って権力に抵抗して逃げ回るチャーリーに対して、ヴェルドゥ氏は人生に絶望し、悪事が露呈した時も進んで警察に捕まる。笑いとは価値の転倒だと知っていたチャップリンは、みずからのイメージを壊すことを選んだのだった。

　しかし、いくら自己のイメージを大胆に壊したかったからとはいえ、ジョーン・バリーのスキャンダルで傷ついている時に、わざわざ「何人もの女性を口説いて殺す役」を演じるのは、どう考えても賢い選択とは言えなかった。死刑を目前にしたヴェルドゥは、「一人殺せば悪党で、１００万人殺せば英雄だ。数が殺人を神聖なものにする」と言うが、戦勝に酔いしれるアメリカで、ここまで明確な反戦メッセージを打ち出した映画人はいなかった。いずれも、普通のプロデューサーがいれば、時節柄止めていたことだろう。

　１９４７年４月11日に『殺人狂時代』が公開された時、記者会見では作品のことはそっちのけで「あなたは共産主義者か？」「愛国心はあるのか？」などと質問が飛び、チャップリンが「私は国際主義者です」と答えたことで、右翼団体は激昂し、劇場の前に立ち上映妨害を行なった。

　当然ながら『殺人狂時代』は興行的に大失敗に終わった。

　前作『独裁者』が、アメリカ国内だけで５００万ドルの売り上げを記録したのに対して、本作はわずか32万5000ドル。チャップリン作品として、公開当時アメリカ国内で損失を出した唯一の作品となった。

＊冷戦の密告者　ディズニー

戦後のディズニーは、チャップリンとは異なった意味で苦境にいた。

戦争中に戦意高揚映画を作り続けたせいで、スタジオの破産は免れたものの、アニメーターたちから創造の活気が失われていた。4年間で戦争と関係のない映画は『南部の唄』の1本だけ。それも、掘っ建て小屋に住む黒人が、裕福な白人に喜んで仕える様を描いたとして、厳しい批判にさらされていた。

10年前までアニメーションの世界を常に革新し続けたイノベーターだったディズニーは、今や政府の御用映画しか作らない体制側の映画人で、人種問題にも鈍感な、時代遅れの人とみなされていた。

ディズニーの変化は、ミッキーマウスの変化にも現れた。わんぱくな子供のような服装をしていたミッキーも、1940年代からシャツにスラックスという中流階級の格好をするようになった。1947年公開の『ミッキーのジャックと豆の木』では、ついにディズニーがミッキーの声を担当することをやめてしまった。長年の喫煙で声が掠れたからという理由だったが、多くの人が彼はもはやクリエイターであることをやめたのだと感じた。

万人受けを狙ったために無害で影の薄いキャラクターになってしまったミッキーマウスから、子供たちの人気の的はMGM社の『トムとジェリー』に移っていた。いたずら好きなジェリーと破天荒なトムとのはちゃめちゃなやりとりと、小さなジェリーが大きなトムを打ち負かす痛快さは、まさにチャップリン的なキャラクターであり、それはかつてミッキーマウスが持っていたものだった。

しかし、ディズニーはまだ大御所に収まるつもりも、時代遅れとの批判に甘んじるつもりもなかった。なんとか新機軸を見出そうと、前衛芸術の大家ダリとのコラボレーションを試みたりもした。だが、どうしても『白雪姫』で見せた大衆娯楽の極点にも、『ファンタジア』で到達したアートの最前線にも及ばなかった。

この頃のディズニーの情熱は、映画作りよりもストライキを起こした従業員を放逐し、共産主義者（と彼が思った人物）をＦＢＩに密告し攻撃することに向けられていたように思える。

もともとは、ディズニーは政治に無関心で鈍感な人物だった。兄ロイともども支持政党はなく、選挙での投票の際も一定の人物を支持し続けた形跡もない。彼が極端な反共主義者になったのは、前述の通り社会主義を信奉していた父への反発とストライキによってスタジオが破滅に追い込まれた悪夢が原因だった。つまりは、幼少を過ごしたマーセリーンの幸福を失わせた父への反抗であり、苦労して作り上げた家族たるスタジオを破壊する者どもに対する防御だった。共産主義者を告発することは、アメリカの素朴な理想を守り、ユートピアを実現するために必要なことと信じていた。スタジオの共同社会が失われ、映画作りもままならない今、ディズニーの情熱が反共主義に向けられるのは自然な流れだった。

１９４７年９月、ハリウッドにおける共産主義者を調査するとして、非米活動委員会は公聴会に友好的証人と非友好的証人とを召喚した。ディズニーは、友好的証人としてゲーリー・クーパーやロナルド・レーガンらとともに証言台に立った。

そこで彼は、ディズニー・スタジオには共産主義者はおらず、「みんなまぎれもなくアメリカ人」であること、過去には組合運動をする者がいたが彼らは「コミュニスト」であり、「従業員は組合に反対だった」と述べ、共産主義者と思われる人物名を具体的にあげた上で、共産党は反米的だと締めくくった。彼は、「左翼の信奉者に襲われ、不当に傷つけられた勤勉で自立心のある実業家という役割」を、テレビの前で演じて見せた。

ディズニーはこの時に、彼が「共産主義者と思われる人物」として、ストの中心人物だったアーサー・バビットではなく、なぜかデイヴ・ヒルバーマンの名前をあげている。ヒルバーマンはストライキでディズニー社をやめた後、ユナイテッド・プロダクションズ・オブ・アメリカ社（ＵＰＡ）の共同創設者となり、低廉な製作費だがシンプルで工夫に富んだ作風で短編アニメにおいてディズニーを脅かす存在となっていた。わざわざ非米活動委員会でディズニーが彼の名前をあげたのは、商売敵を貶める狙いがあったと推測される。

実際、ヒルバーマンはその後ブラックリストに載せられ、彼の経営していたテンポ・プロダクションは閉鎖に追い込まれる。

ディズニーは、11月には従業員の中で共産党員と思われるもののリストをＦＢＩに提出。その後も当局に密告を続け、赤狩りに全面協力した。

その頃のディズニー・スタジオは、経費のかかるアニメーションよりも、イギリスで製作した実写版『宝島』のヒットで収益をあげていた。ディズニーは、クレジット上では『宝島』の監督ということになっていたが、撮影現場に数回訪れただけで、全部部下に任せっきりだった。

１９５０年に久々の長編アニメーション作品『シンデレラ』を公開。ディズニーが８年間温めてきた作品だったが、もはやほとんど現場に介入することはなくなっていた。多くのスタッフが「ウォルトはもうアーティストではなくなった」と言い、「ますますビジネスライクになった」とこぼしていた。「ビビディ・バビディ・ブー」など勢いのある楽曲に支えられて作品は大ヒットしたが、群舞のシーンでは主人公以外の人物をぼかして動きを節約するなど、かつての完璧主義とは程遠かった。

戦後すぐのディズニーが映画に興味を失っていた理由は三つある。

一つは、戦中の国策映画製作で創造性を失ってしまったこと、さらに度重なるストライキと解雇で優秀なアニメーターを失い、物理的に作れなくなっていたこと。なにより大きな理由としては、１９４８年の時点でキャラクター・グッズ部門によって1億ドルの売り上げがあり、浮き沈みの激しい映画製作に賭けるモチベーションがなかったことだ。「自作の権利は自分のものにしなさい」という師匠チャップリンの言葉を守った結果、莫大なパテント収入で創作意欲を失ったのだとすれば皮肉な話である。

『シンデレラ』公開前の１９４８年に、ディズニーは豪邸に引っ越して、家の敷地に鉄道のレールを敷いて、幼い頃から夢だった機関車の運転手をして客人をもてなしていた。映画作りに興味を失った彼の新しい情熱とは、赤狩りと自宅の機関車の運転だった。一見、無関係そうな「赤狩り」と「機関車」だが、ディズニーにとってはどちらも「古き良きアメリカ」への思いのあらわれだったのかもしれない。

＊「平和の煽動者」チャップリンのアメリカ追放

相変わらず、マスコミはチャップリンを非愛国者となじるバッシングを繰り返していた。だが、『殺人狂時代』が興行的に惨敗しても、あるいは反共主義の中、当局に目をつけられることを恐れて誰もがチャップリンを避けるようになっても、彼はまったく態度を変えなかった。

なぜアメリカ市民権を取らないのかという質問には、「私は世界市民です」と答え、共産主義者かと問われると、「戦争屋（Warmonger）」をもじって、「平和の煽動者（Peacemonger）です」とユーモアたっぷりに答えた。ここで「平和主義者（Pacifist）」と答えなかったことが面白い。向こうが「戦争」と煽るのなら、くそまじめに平和主義と言わずに、こっちも「平和」を煽ろう、今風にいえば「炎上」させようという感じで、ネット世代に通じる感覚の新しさだ。

そんな最悪の状況の中でも、「放浪紳士チャーリー」のキャラクターは、意外なところで絶大な力を発揮した。

実は、ディズニーが友好的証人として召喚されたのと同じ１９４７年９月に、チャップリンも非米活動委員会の公聴会に召喚されていた。それに対して、喜劇王は「放浪紳士チャーリー」の扮装で出廷すると声明を出した。公聴会はテレビ中継されるのだが、もし放浪紳士の扮装で出廷されると完全にチャップリンのショーになってしまう。非米活動委員会はそのことを恐れ、尋問は行なわれなかった。次々と無実の人たちを血祭りにあげていた非米活動委員会だったが、やはりチャーリーのイメージには敵わないと思ったようだ。チョビ髭のキャラクターに、非米活動委員会は不戦敗を喫したのである。

それにしても、ディズニーとチャップリンが同じ公聴会に居合わせていたら、どんな会話をしただろうか？

その後、１９５０年に、チャップリンは『街の灯』を再公開して、スマッシュヒットを記録した。心優しい放浪紳士チャーリーはいまだ忘れられていなかった。

1952年には、ロンドンを舞台に、年老いた芸人が自殺を図ったバレリーナを助けて献身的に尽くす愛の物語、『ライムライト』を製作。それがチャップリンのアメリカでの最後の作品となった。

その完成直後の同年9月17日、チャップリンは家族とともに『ライムライト』のプレミア上映のためにイギリスへ渡る。直後に当局によりアメリカ再入国許可が取り消され、チャップリンは事実上国外追放された。なぜチャップリンを国外追放するのかと世界中から非難の声がアメリカ国務省に殺到した。マグダネリー司法長官は、「チャップリンが合衆国の安全を脅かす危険人物である証拠は存在する。だが、それを明らかにすると敵の防衛の助けとなるので、今は公開しない」と言った。むろん、そんな証拠などあるはずもなかった。

チャップリンは、イギリスをはじめとするヨーロッパでは民衆から最大級の歓迎を受け、『ライムライト』は記録的なヒットとなった。

ディズニーは、かつての師がアメリカから追われたことについて、1956年に行なわれたインタビューでの次のように発言している。

チャーリーがあんな風になったのは、彼がとても孤独なやつだったからだ。彼はただ罠にはまって、ただあまりに頑固すぎて後戻りできなくなったのだと思う。僕は彼とたくさん一緒にいた。彼は政治の方に行った。彼の姿をロブ・ワグナーのところでよく見かけた。彼はそういうことに進んでいった。政治を語り始めた。彼はそれについて何も考えていなかった。チャーリーに起こったことは、奴らが彼に取り入ったということだ。僕にとっては、それはとても悲しいことだった。[19]

ロブ・ワグナーとは“*Script*”という雑誌を編集・発行していた人物だ。“*Script*”はリベラルな論調で芸術家たちの支持を得ていたが、ディズニーにとっては、少しでもリベラルなものは共産主義者であり敵だった。チャップリンは確かにワグナーとも付き合いがあったが、親友のウィンストン・チャーチルをはじめ保守派の面々とも広く付き合っていた。喜劇王がどれだけ思慮深いか一番知っているはずのディズニーが、チャップリンのことを「何も考えていなかった」と言い捨てたのは、かつての師が自分には理解できない考えを持ち始めたことへの苛立ちか、あるいはアイドルが変わってしまったことへのファンの身勝手な悲しみか。それにしても、なにより恐ろしいのは、ディズニーにかようなことを言わせてしまった冷戦の狂気であろう。

チャップリンは赤狩りに協力するディズニーの行ないに対して、一言もコメントを残していない。

ただ、この時期に二人の精神的なつながりが完全に切れてしまったというわけではない。

実は、『殺人狂時代』の関係者試写はディズニー社の試写室で開催され、ジャン・ルノワールら映画人も出席した。チャップリンとディズニーの二人がそこに出席したという記録はないが、わざわざそこで試写会を開催したのは、師が弟子に映画において信念を貫く姿を教えたかったのか、それとも弟子が苦境にある師に手を差し伸べたかったのか。いずれにせよ、お互い暗黒の状況下での、消えることのない映画的な絆とは言えまいか。ともあれ、それが記録に残る二人の最後の接点となった。

19　ピート・マーティンのインタビュー。

第6章　二人の巨人のレガシー

＊理想のアメリカ——ディズニーランド

ディズニーは一言で言うと、理想主義者だ。

その理想とは、繰り返しになるが、幼い頃に過ごしたマーセリーンで感じたアメリカの姿、すなわち自然の中で動物と触れ合い隣人が助け合っていた「昨日のアメリカ」、そして機関車に代表されるテクノロジーでフロンティアを切り拓く「明日のアメリカ」だった。

ディズニーは生涯をかけて、その理想を現実の世界に生み出して、それをそのまま固定化し、コントロールすることを欲した。そして、戦後になって、その最たるものであるディズニーランドの建設に乗り出そうとしていた。

冷戦の真っ只中の１９５０年代初頭に、ディズニーが熱中していたのは、幼少期を過ごしたマーセリーンの村をミニチュアで再現することだった。すでに自宅を取り囲むように線路をひいて機関車の運転に勤《いそ》しんでいた彼だが、ますます映画作りに関心を示さなくなり、今度は19世紀末のアメリカ中西部の典型的な村の風景を画家に描かせ、造形の専門家に風景を作らせて、踊る人形まで作った。わざわざダンサーに踊らせてその動きを記録し、それをもとにロボットを作るためだけに、なぜ２万４０００ドルもの予算を費やしたのか周囲は理解できなかったが、彼は自分の「理想の固定化」を試みていたわけだ。

「ディズニーランディア」と名付けられたそのミニチュアは、レコードの音楽に合わせて農村風景が動く、いわば「ビジュアル版のジュークボックス」だった。

彼は、アメリカの人々が昔どんな暮らしをしていたのかを学ぶことができるように、その巡回展示を企画していた。実際、1952年にその一部を「カリフォルニア生活展」で展示したが、一度に鑑賞できる人数が少なく、目指していた教育効果に乏しいことが判明した。この時、ディズニーは多くの人々が同時に楽しめる大きな施設が必要であることを痛感した。「ディズニーランディア」は、いわばのちのディズニーランドの設計図の一つとなった。

周囲の証言によると、ディズニーがパーク建設の野心を語り始めたのは、『白雪姫』の製作中だった1937年頃だったという。それ以前から、娘たちと既存の遊園地に行った時に、大人が手持ち無沙汰になってしまうことに不満を漏らし、「子供だけでなく、家族で楽しめるパークがなくてはいけない」と言っていた。1940年代にはより具体的な構想を持ち始め、パークのまわりを鉄道が走るという青写真は持っていたようだ。

他方、映画製作はすっかり惰性となっていた。『ふしぎの国のアリス』（1951年）は批評的にも興行的にも惨敗し、大きな損失を出したが、ディズニーは気にすることなく妻とヨーロッパ周遊を楽しみ、ティボリ公園など各地のアミューズメント・パークを訪ねて、ディズニーランドの構想を練った。逆に、『ピーター・パン』（1953年）で興行的な成功を収めても、もはや満足することもなかった。パークのことで頭がいっぱいだったのだ。

1952年12月に、パーク建設と運営を目的とした会社WEDエンタープライズを設立。幹部社員たちは手分けして各地の遊園地を視察し、候補地を物色し始めた。その頃、名称を正式に「ディズニーランド」とした。

ディズニーランドについては多くの本が出ているので、ここでその成り立ちについて詳述することは控えるが、一つだけ指摘しておきたい。

ディズニーランドの本質は、「ディズニーランド」という名称にすべてが表現されている。つまり、「ディズニーパーク」などではなく、「ディズニーの世界《ランド》」であるということだ。ウォルトは、世界中のアミューズメント・パークを視察したが、そのどれにも満足しなかった。単に、楽しい遊具を並べただけでは駄目だという思いが強くなっただけだった。そうして、ちょうど、チャップリンが優れたコメディにはテーマやストーリーが必要だと教えてくれたように、彼はパークにもテーマが必要だという考えにたどり着いた。かくして、彼は〈テーマパーク〉の構想に至る。

　そのテーマとは、彼の理想であるアメリカの「昨日」と「明日」だった。

　すなわち、「古き良きアメリカ」の風景の中開拓者たちが活躍するフロンティアランドが象徴する「昨日のアメリカ」、科学技術を使った展示で未来が体験できるトゥモローランドで見せる「明日のアメリカ」、そして冒険をテーマにしたアドベンチャーランドに、おとぎ話の世界を楽しめるファンタジーランド。そこには、「今日」以外の理想があった。

　ディズニーランドは、自身が幼少期に見ていた若き日のアメリカ合衆国の姿、そして世界の未来からなる、理想の過去の再現と未来の表現だった。当時の宣伝パンフレットはその本質を高らかに宣言している。「いったんディズニーランドに入ると、そこは昨日と明日とファンタジーの世界です。ディズニーランドには現在はまったく存在しないのです」。彼は、高い塀で敷地を囲み「今日」から隔離された理想の世界《ランド》を作った。

　加えて言うと、ディズニーがアニメで描いた「アメリカの理想」には、彼が創ったものも多くある。逆境に負けずポジティヴに頑張るミッキーマウスは今やアメリカの精神そのものとなっていた。彼はヨーロッパのグリム童話を親しみやすい絵柄で描き、ヨーロッパ的な大人にも通じる毒を薄めて、子供向けの教訓劇に仕立てた。人々はそんな「作られたアメリカの精神」を、映画を通じてあたかも伝統的価値観であったかのように共有した。そして、その世界を再現したディズニーランドに来て、失われたふるさとに戻ったような気分を味わった。

ディズニーは、アニメーションによって現代アメリカの精神を作り、ディズニーランドでそれを固定化した。その理想は、アメリカの繁栄とともに、世界中に広がった。ディズニーはテーマパークの発明者にして、20世紀後半の世界の理想を作り上げた人物でもあるのだ。

＊理想のアメリカ——チャップリンのアメリカ批判

理想主義者といえば、チャップリンもそうである。放浪紳士チャーリーは理想を求めて放浪し、チャップリン自身も『モダン・タイムス』以降は理想の社会を問う作品を作り続けた。そんな彼は、ディズニーが信奉したアメリカの理想についてはどのような考えを持っていたのだろうか。

アメリカを追われたチャップリンは、１９５３年1月にスイスはレマン湖畔の高級保養地ヴヴェイに居を定めた。不自由の国となったアメリカに戻るつもりはなく、アメリカ生まれの妻ウーナも故国に失望してアメリカ国籍を放棄し、イギリス国籍に変更した。

しばらくは家族水入らずの生活を送ったが、あふれ出す創作意欲は抑えようもなかった。こうして、チャップリンは最後の主演作となる『ニューヨークの王様』（１９５７年）を発表する。

撮影は、ロンドンのシェパートン撮影所で１９５６年の5月7日に始まった。ハリウッドのチャップリン撮影所を離れ、40年ぶりとなる借り物のスタジオでの撮影。初めて会う若いヨーロッパのスタッフたちにはチャップリン流の仕事法はまったく通じない。そんな中でも、67歳の追放された喜劇王は、連日朝の8時30分から夜の9時30分まで精力的に仕事をこなした。

物語は、ヨーロッパのとある小国で革命が起こり、国王シャドフがアメリカに亡命するところから始まる。側近に財産を持ち逃げされた国王は、騙されて出演したＴＶのハプニング番組で人気者となり、ウィスキーのＣＭなどに出演、一躍時の人となる。だが、国王のホテルの部屋で見つかった家出少年の父親が共産党員だったことから、今度は反共主義のバッシングに巻き込まれる。自由を求めてアメリカにやってきた国王は、愚かな赤狩りの騒ぎの中、ヨーロッパへと帰っていく。

チャップリンの主演作としては最短の12週間で撮り終えた映像は、かつての完璧主義者とは程遠く、「原子力の平和利用を訴えたために革命が起こった」という設定にも疑問は残る。
しかし、ヨーロッパでは批評的にも温かく迎えられ、ヒットした。ネオ・レアリズモの大家ロベルト・ロッセリーニは、「これは自由人の映画だ！」と絶賛し、ヌーヴェル・ヴァーグの旗手フランソワ・トリュフォーは、理想を掲げて亡命してきた王様をキリストに、非米活動委員会をヘロデ王に見立てて、聖書の言葉を引用しつつ本作を現代版キリストの物語であると論じた。もっとも過激な映画作家であるジャン＝リュック・ゴダールは、その年のベスト10に『ニューヨークの王様』を数えた。

様々な悪条件のために過去の傑作に比べると欠点が目立つが、ほとばしるチャップリンの創作意欲、巨匠の地位に安住することなく挑戦を続ける姿勢は、若き映画人たちを刺激して映画の未来を拓いた。なにより、巨大な市場であるアメリカを敵に回すことを承知で信念を貫き、アメリカ批判を驚くべき率直さと衰えないユーモアとで成し遂げた。

『ニューヨークの王様』は、戦後の世界を覆い尽くすアメリカの覇権への反抗の映画だ。しかし、それにしても、チャップリンをここまで直接的なアメリカ批判にかきたてたのは、逆説的に彼のアメリカへの思いゆえであろう。

そもそも、チャップリンはアメリカの理想の体現者だ。移民として夢を抱いて渡米し、みずからの才能で未来を切り拓き、大成功を収めたというアメリカン・ドリームの象徴だ。群れつどわず政治的にも反骨と孤高を貫く彼自身も、彼のキャラクターである放浪紳士チャーリーも、開拓者からホーボー、そしてロックンローラー、ヒッピーに至る、アメリカならではの反抗的人物像の頂点だ。

つまり、ディズニーとは違った意味で、チャップリンもアメリカ的な理想主義者だった。移民第二世代のディズニーは、前世代が作り上げたアメリカの理想を受け継ぎ、それを信奉し、固定化しようとした。対して、移民第一世代のチャップリンは、みずからが拓き体現するアメリカの理想とは何かということを批判的に問い続ける。

そう考えると、実のところ、チャップリンとディズニーはアメリカの理想の体現者の表裏ではないだろうか。

＊ディズニーとテレビ

チャップリンが痛烈に批判したアメリカ文明の、とくに戦後における象徴的なアイテムとしてテレビがあげられる。

ディズニーは、１９３０年代の中頃にＲＣＡ社のテレビのデモンストレーション放送を見せてもらった時に、まだ一般には普及していなかったテレビの可能性にいち早く気づいた一人だった。前述の通り、１９３６年にディズニー社はユナイテッド・アーティスツとの契約を終了させたが、その理由はＲＣＡ社のテレビを見た直後だったディズニーが、将来を見越して「テレビ放映権はディズニー社が保有する」ことにこだわったからだった。

ＵＡとの契約終了から11年後、１９４７年にディズニーはすべての役員室にテレビを置いた。いつまでも子供の心を失わなかった彼は、この新規なメディアに夢中になって一日中視聴していたという。他の映画人たちは、「テレビのせいで人々は映画館に行かなくなる」と脅威を感じ、テレビ放送のために映画作品を提供しないなどの対抗策まで取って敵視していたが、ディズニーは逆に「新しい映画の観客層を開拓するために、その可能性を積極的に活用していく」と主張していた。

ディズニーがテレビに見出した可能性は三つ。一つ目は、劇場公開が終わった旧作を放送することで収益をあげられること。二つ目は、新作映画のＰＲに使えること。最後に、テレビ局が映画製作のスポンサーになってくれることで、大規模な作品製作を可能にすること。つまり、テレビ局と共同で資金を集めて映画製作し、テレビで新作映画の宣伝をして、劇場公開後はテレビ放送をするという、今では普通に行なわれている映画とテレビのメディア・ミックスのビジネス・モデルを、テレビの登場直後にすでに考えていたのだ。

その第一弾として、１９５０年12月25日に、新作映画『ふしぎの国のアリス』公開に先立って、新作からの抜粋や過去のディズニー短編アニメを流しながら、ディズニー本人が解説をするという、クリスマス特別番組を放送した。この史上初の「映画宣伝番組」のおかげで、『ふしぎの国のアリス』の知名度は大いに上がり、ディズニー自身のブランド価値もさらにあがった。

彼のメディア・ミックス戦略構想に乗ってきたのは、アメリカン・ブロードキャスティング・カンパニー（ＡＢＣ）だった。ＡＢＣは、アメリカの三大ネットワーク局の一つとはいえ、後発でもっとも規模が小さかった。ディズニー映画の人気を借りて先発のＣＢＳ、ＮＢＣに追いつこうとしたＡＢＣと、テレビ業界でのパートナーを探していたディズニー社との利害が一致した。

特番の成功を経て、１９５４年10月27日からはレギュラー番組「ディズニーランド」の放送が開始された。

これは、まだ建設途中だったディズニーランドの四つのテーマに沿って構成され、「ファンタジーランド」のコーナーでは過去のディズニー作品の放映や新作の予告編、「アドベンチャーランド」では自然や秘境などの実写ドキュメンタリー、「トゥモローランド」は科学技術についての教育映像、そしてアメリカの歴史を学ぶことができる「フロンティアランド」、さらに、建設中のディズニーランドの様子に新作製作の裏話なども交えた内容だった。

番組ホストとして著名俳優を起用する案もあったが、ＡＢＣの意向もありディズニー本人がホストを務めることになった。すでに初老の域に達し、恰幅も良くなっていた彼は、まさに「アメリカの典型的な良きおじさん」といった風貌であり、結果的に大成功を収めた。毎週テレビから各家庭に語りかける姿は、「アンクル・ウォルト（ウォルトおじさん）」として親しまれた。ミッキーマウスを生んだ男はテレビ時代には本人がアイコンとなった。映画界では過去の人になっていたディズニーだったが、テレビでより広範囲な人気を得ることで劇的な復活を果たした。

１９５５年からは新テレビシリーズ「ミッキーマウス・クラブ」も開始。マウスケティアーズ（「三銃士〈マスケティアーズ〉」のもじり）と呼ばれる子供たちが出演し、子供参加番組の走りともなった。マウスケティアーズは赤白青の３組に分かれ、組の移籍もあったので、現在のアイドルグループの原型とも言える。実際、足掛け数十年にわたって続いた番組の歴代のマウスケティアーズからは、ブリトニー・スピアーズのようなスターも多くの誕生している。番組の曲は大ヒットし、ディズニー・レコード社を興隆に導いた。映画の主題歌を初めて流行らせたのもディズニーなら、テレビでのタイアップ曲の手法を編み出したのもディズニーだった。

「ディズニーランド」と「ミッキーマウス・クラブ」は、ヴァラエティ、子供参加、ドキュメンタリーなど様々な番組形式を発展させ、映画・音楽とのタイアップ、果てには才能発掘など、今では当たり前になっているテレビ番組の多くの機能を開発した。

＊ディズニーランドのオープン

番組はいずれも視聴率が50%を超え絶大な影響力を持ったものの、経費に見合う製作費を得ていたわけではなく、ディズニー社は赤字覚悟で番組製作を続けていた。彼の真の狙いは、長年の念願であるディズニーランドにかかる５２５万ドルもの巨額の建設費をテレビ局から引き出すことだった。粘り強い交渉の末に、ディズニー社がＡＢＣにテレビショーを提供する代わりに、ＡＢＣはディズニーランド建設費に投資することになった。

ようやく資金を得たディズニーだったが、ディズニーランド計画には多くの難関が待ち構えていた……というより、あまりに前例のない計画だったため、何が難関かもわからない状態だった。アミューズメント・パークの専門家たちを雇ってアドバイスを受けたが、彼らは一様に「この計画は失敗する」と断言した。

だがディズニーは、乗り越えるべき壁がある時こそ高揚した。彼は、映画業界から絶対無理だと言われ続けたにもかかわらず挑戦し成功した初のアニメ長編『白雪姫』の時と同じ気持ちだった。あるいは、『白雪姫』の挑戦を唯一後押ししてくれたチャップリンのことを思い出していたのかもしれない。プロジェクトの総監督には、パークの専門家ではなく航空機工場の技術監督を務めていた若者を任命し、これまでにない発想を出させた。

ディズニーは工事現場で職人たちと一緒に働き、自分のアイディアを具現化するために奔走した。アニメ製作の草創期に戻ったように現場に徹し、すべての釘の位置や形を覚えているほどだった。ある知り合いはディズニーランドのことを「世界最大の少年にとっての世界最大のおもちゃ」と呼んだ。それは永遠の少年ディズニーの理想の世界だった。

かくして、ディズニーランドは完成し、１９５５年7月17日にマスコミ公開、翌18日に一般オープンした。最初の１年間だけでの来場者が当時としては異例の３６０万人にのぼり、大成功を収めた。ディズニーランドは大人気施設となっただけでなく、アミューズメント・パークの歴史を不可逆的に変えた。

ディズニーがこだわった「理想の固定化」への欲望は、とどまるところを知らなかった。敬愛してやまないリンカーンを蘇らせるために、１９６４年のニューヨーク万博ではリンカーンのロボットを製作。アメリカの英雄をロボット化することには批判も多くあったが、彼はそんなことは気にも留めていなかったようだ。そして、できあがったリンカーン・ロボットによる演説を聞いて涙していた。

ディズニーランド、マスコミ公開当日の様子（1955年7月17日）写真：AP/アフロ

　ディズニーは、１９６６年12月15日に、肺がんでその生涯を閉じた。死の間際まで、医療や教育なども含めた理想の実験的未来都市「ＥＰＯＯＴ」を作ることを夢見ていた。それは彼の死後に、形を変えてウォルト・ディズニー・ワールドの中で実現することになる。

＊チャップリンとテレビ

テレビに代表される新しいテクノロジーを信奉し、使いこなすことでディズニーランドを作ったディズニーだったが、テクノロジーに関しては保守派だったチャップリンはテレビが好きではなかった。四男のユージーンによると、スイスの屋敷にカラーテレビがやってきた時、それまで居間にあった白黒テレビを子供部屋に移した。しかし、父チャップリンはカラーに慣れず、１日で白黒テレビを居間に戻した。不要になったカラーテレビは子供部屋に据え付けられ、子供たちは狂喜したという。

しかし、戦後のアメリカでチャップリン人気が復活したのは、他でもないテレビのおかげだった。

冷戦期、喜劇王が去った後のハリウッドでは、チャップリンの名はタブーになっていた。チャップリンという名を出すだけで、業界から干されかねない状況だった。

にもかかわらず、この時期、アメリカの子供たちの間でチャップリン人気が再燃する。テレビを脅威に思った映画業界は、テレビ映画に俳優を出演させず、映画作品を放送させなかった。そこで、テレビ局は権利の切れたチャップリンの初期作品に目をつけて放送した。子供たちは初めて見る喜劇王に熱狂し、人気に火がついたのだった。

　移住した先のヨーロッパでも、各テレビ局がチャップリンを繰り返し放送した。ちなみに、『ライムライト』のワールド・プレミアは、１９５２年10月23日、ロンドンの劇場街レスター・スクエア（現在チャップリンの銅像が建っている）のオデオン劇場で、王室も臨席して盛大に執り行なわれたが、この催しは、英国で初めてテレビ生中継されたプレミア上映となった。

　カラーテレビを嫌悪したチャップリンだが、１９６７年に最後の監督作『伯爵夫人』はカラー作品として発表した。マーロン・ブランド、ソフィア・ローレンを主演に迎えたこのロマンティック・コメディは、とくにブランドの演技がコメディに向かず、ヒットしなかった。しかし、チャップリン作曲の主題歌が世界中でヒットし、製作費を回収した。

　ディズニーがディズニーランドでみずから生み出した理想を固定化しようとした頃、チャップリンも自身が生んだ放浪紳士のキャラクターを蘇らせ、後世に残したいという思いにかられたようだ。

　１９５９年に、初期作『犬の生活』『担へ銃』『偽牧師』の初期作３本を再編集し音楽をつけて『チャップリン・レビュー』として公開すると、およそ40年前のサイレント映画にもか

アカデミー賞特別栄誉賞を受賞したチャップリン（1972年）。スタンディング・オヴェイションが鳴りやまなかった　写真：Shutterstock/アフロ

かわらず世界中でヒットを記録した。気を良くしたチャップリンは、ついで『キッド』『サーカス』など過去のサイレント長編に音楽をつけて再公開した。さらに、１９７０年以降、「ビバ！チャップリン」と題して世界的なリバイバル公開が行なわれた。配給会社はチャップリンに前金として破格の５００万ドルを支払ったが、日本一国の売り上げだけで回収したという。

　１９７０年代になって、各国がこぞってチャップリンを顕彰した。ヴェネツィア国際映画祭は特別金獅子賞、カンヌ映画祭ではレジオンドヌール勲章が贈られ、１９７５年には故国イギリスでナイトに叙された。

　中でも最大の出来事は、１９７２年のアカデミー賞特別栄誉賞受賞だった。チャップリンは20年ぶりにアメリカに降り立ち、授賞式では史上最長の12分間のスタンディング・オヴェイションで迎えられた。それは決してチャップリンの名誉回復などではない。世界中に楽しみを与えた人物を石もて追い出したアメリカによる、せめてもの謝罪だった。

１９７７年12月25日。チャップリンの生涯は幕を閉じた。最後に公に伝えられた言葉は、その年の誕生日に発表した声明――「仕事をすることは生きること。私は生きたい」だった。

『ニューヨークの王様』は、チャップリンによるアメリカ文明への愛憎入り混じる批評だったが、戦後アメリカ文明の代表的存在であるテレビについても、興味深い視点で描かれている。

広告会社に勤めるアン・ケイは亡命してきたシャドフ国王をテレビに出して一儲けしようと企む。アン・ケイに誘われて国王がパーティーに出席すると、実は隠しカメラがあり知らぬうちに国王は番組出演させられる。

アメリカ文学者の中垣恒太郎はこのシーンについて１９９０年以降世界を席巻した「リアリティ番組」を予言するものであり、アン・ケイが番組途中でＣＭを始めるという設定も極めて現代的であると指摘している。

前述のように、国王は、メディアで引っ張りだこになり、コマーシャル出演の依頼が相次ぐようになるが、家出した共産党員の息子を保護したことがきっかけで今度は激しい批判にさらされる。個人の思惑や才能とは関係のないところで、瞬時にスターを作り上げてまたどん底に落とすというテレビの本質をつく鋭いメディア批評だ。

ところで、ディズニーも単に新しいテクノロジーを信奉していたわけではない。発明されたばかりのテレビを知ったディズニーは、その時点ですべての家庭にテレビが置かれることを見越して、「テレビはキリストの再臨だ」と言った。キリストを、メッセージを伝えるメディアとして捉えたこの発言は、「メディアはメッセージである」と言ったマクルーハンを引くまでもなく、宗教とメディアの類似点を端的に言い表す名言と言える。

やはり、チャップリンもディズニーも、メディアを知り尽くしそれを支配した覇者として、テレビの本質を別々の方向から鋭く批評する。二人は、一見正反対とも言えるアメリカ観・メディア観を持っていたように思えるが、実のところ同じもののポジとネガともいうべき存在だった。要するに二人合わせてアメリカを、そしてメディアを体現していたのだ。

それにしても、「キリストの再臨」と聞いて、やはりどうしても私たちは二人の男を思い浮かべてしまう。

一人は、世界中を笑いと涙の渦に巻き込み、多くの人に希望を与えたが、のちに時の権力によって迫害され追放され、クリスマスの日に死んだチャップリン。

もう一人は、現代の理想をアニメーションで創造し、映画館で説き、テレビを使って布教し、新しい世界《ランド》を拓いたディズニー。

二人こそ、映画／テレビという20世紀の2大メディアに君臨し、世界中にその理想を布教し、希望を与えた。なにより、その死後も新しいメディアの登場とともに何度も蘇り、生き続けているという意味でも、紛れもない現代のキリストと言えるだろう。

＊キャラクターの代表モデルとしてのチャーリーとミッキー

さて、ここまでチャップリンとディズニーについて、本人たちの生涯と作品を比較してきた。普通の伝記ならば両者の晩年を描き終え、エピローグへと進むべきところかもしれないが、こと両者に関してはここで終わるわけにはいかない。言うまでもなく、「チョビ髭の放浪紳士」や「ミッキーマウス」はいまだ生き続けているからだ。

というわけで、ここであらためて両者が生んだキャラクターについて見てみよう。

キャラクターについて論じたものは多くあるが、小田切博の『キャラクターとは何か』（ちくま新書、２０１０年）がよくまとまっている。小田切の議論を参考に、キャラクターを考える上で基本的なポイントをおさえておく。

もともと、英語の「character」は、「性格」「人格」「特徴」を意味する語である。つまり「人間の内面」をあらわす言葉だった。

しかし、「内面は外見ににじみ出る」と言われる通り、歴史的に見てもアリストテレスの『ニコマコス倫理学』以来、人間を分析する時に「内面」と「外見」の関係が意識されてきた。

そんなわけで、やがて「character」に、外見的な振る舞いや顔立ち・背格好、服装といった「人物類型」といった意味も加わり、のちには物語の「登場人物」を意味するようにもなっていく。

「内面は外見ににじみ出る」とされる内面と外見の関係は、時に逆転する。とくに、18世紀には人の見た目から内面を判断する観相学が流行した。この流れは、とりわけ風刺喜劇・風刺漫画の発展とリンクしている。「こういう見た目の人は、強欲な人物をあらわす」とか、「こういう振る舞いは、ある特定の人種の特徴だ」などといった外見と内面の関係が人々の間で共有され、デフォルメされた外見の描き方で、人間の内面や社会を風刺するというものだ。

同じような流れが演劇や小説でも見られるようになった。

普通は、演劇の登場人物を演じる時に、物語を読み込んで役の内面を解釈して外見的な衣裳や振る舞いを考える。つまり、物語の登場人物としての〈内面＝キャラクター〉が、それにふさわしい〈外見＝イメージ〉を生むわけだが、逆にある特徴を持つ〈外見＝イメージ〉から〈内面＝キャラクター〉やストーリーを生むケースも出てきた。

例をあげると、19世紀末のディケンズの人気小説『オリヴァー・ツイスト』は、クルックシャンクが描いたスリやユダヤ人の金貸しなどロンドン下町の下層階級の人々のスケッチに触発されて書かれたとも言われている。そうだとすれば、クルックシャンクのイラストに描かれたキャラクターの〈外見＝イメージ〉から物語が生まれたことになる。

さらに物語世界から離れて、「アメリカを意味するアンクル・サム」など、キャラクター単体が何かを意味・象徴するケースも出てくる。

小田切は、「キャラクター」とは、「『意味』、『内面』、『図像』の三要素からなる複合体」と定義したが、物語とキャラクターの関係に絞れば、次のように大まかにまとめることができるだろう。

ａ　物語のキャラクター……ある物語世界に生きる固有の登場人物。ストーリー内容から帰納的に生まれたキャラクター。物語世界に裏打ちされた意味と内面とイメージを持つ。

ｂ　キャラクターの物語……意味・内面・イメージを持つキャラクターがすでに設定されていて、そこから演繹的に物語が生み出される。キャラクターが物語世界を作り、その行動が新しい意味を生み出す。

仮に、放浪紳士とミッキーマウスをこの枠組みに当てはめてみると、どうなるだろうか。チャップリンの「放浪紳士チャーリー」は、カテゴリーａのキャラクターとして世界的に流布した最初のものだ。むろん、その誕生の瞬間は、マック・セネットに「コメディのメーキャップをしてこい。どんなものでもいいから」と言われてとりあえずその場で考えた扮装であり、あるイメージを持つキャラクターが先行したという意味ではｂとも言える。

その後、多くの映画作品の中で、チャーリーの性格は醸成され、１９１８年の『犬の生活』において心優しい放浪紳士という性格とイメージを持つキャラクターが確立した。そのキャラクターは、弱者からの視点で貫かれた作品世界の中で、「大衆の象徴」「弱者の象徴」といった意味を持つようになっている。

対して、ディズニーの「ミッキーマウス」は、現在ではカテゴリーbのキャラクターとして世界的に流布していると言えるだろう。その誕生の瞬間は、『しあわせうさぎのオズワルド』をユニバーサルに取られてしまったディズニーが、愛されるイメージを求めてネズミの図像を作ったことだった。これもイメージ先行であり、チャーリーの場合と似ている。そこから、『蒸気船ウィリー』をはじめ多くの短編アニメーションの物語世界の中でミッキーの性格が醸成されていったという点では、初期はカテゴリーaのキャラクターだった。

しかし、初期作品に見られたミッキーの反骨精神や時にいじわるな性格はやがて消えてしまい、万人受けする無害な性格になっていく。さらにディズニーランドができると、もともとの物語世界の性格は忘れられて、図像だけが継承されディズニー社やディズニーが生み出す世界そのものを意味するマスコットになった。万人に好かれる愛くるしい性格は、映画の物語における性格とは大きく異なっている。

もちろん、キャラクターはaかbかどちらかのカテゴリーに完全に分けられるものではない。

例えば『ドラえもん』のような作品は、原作漫画の世界で生きるカテゴリーaのキャラクターにして、原作が払底した後もキャラクターがその世界を引き継いでリードして新しい物語を生み出しているという意味ではｂの要素もある。他に、近年の日本における「ゆるキャラ」は図像・性格・意味の設定（いわゆる「キャラ設定」）が先行しているｂであると言える。さらに現代の日本では、ある物語からそこに固有のキャラクター（すなわちカテゴリーａ）を抜き出して、原作者ではない者がそのキャラクターを使った二次創作において別の世界を作り上げる（ｂのヴァリエーション）も多く見られる。

ともあれ、フィクションにおけるキャラクターは概ねａとｂの間に存在してきたと言えるだろう。そして、物語に固有のキャラクターａが、認知度が高まるとともに独り歩きして、キャラクターｂへと変化していく傾向もうかがえる。キャラクターｂの方は自由度が高く拡散しやすいが、ａに比べて確固たる性格を持てず、特徴的なインパクトが薄まってしまうこともある。

これまで見てきた通り、歴史上初めてあまねく行き渡ったキャラクターａは放浪紳士チャーリーであり、対してミッキーマウスはキャラクターｂの代表格である。こうして見ると、現代のあらゆるキャラクターはａとｂの間に、言い換えるとチャーリーとミッキーの間に存在するとも言えるだろう。

＊チャップリン　キャラクター・ビジネス保守派

ディズニーがこの世を去って50年以上、チャップリンが生涯を終えてから40年以上の月日が流れたが、それぞれが生み出したキャラクターたちは片時も忘れられたことはなかった。

ところで、放浪紳士とミッキーマウスが、エンターテインメント界を代表する２大キャラクターであることに異論はないとしても、前節で見た通り、両者の性格やキャラクター界における立ち位置は大きく異なっている。その相違点は、これまで見てきたチャップリンとディズニーのクリエイター／プロデューサーとしての相違点、そして本人たちの死後も後継者たちによって受け継がれた考え方の違いを反映している。

順を追って見ていこう。

チャップリンは、放浪紳士チャーリーのキャラクターを世に残した。ヒューマニズムにあふれた温もりのある性格に加えて、道を切り拓いたパイオニアという印象も兼ね備えており、１９８０年代はＩＢＭのテレビＣＭに、21世紀初頭にはアップルの広告に使用されるなど、先進的企業のコマーシャルにも多く使われている。

映画作品そのものについて言うと、「古典の名作」として愛されてきたチャップリン映画にとっての転機は、21世紀に入ってから訪れた。世紀の変わり目に、チャップリン家は全世界の配給会社としてフランスのMK2と新たに契約を結んだ。MK2は、チャップリン家に保管されていたフィルム素材を一コマずつデジタル・スキャンし、汚れを取りのぞき傷を修復したデジタル修復版を作成。2002年のベルリン国際映画祭のクロージング作品として『独裁者』が、同年のカンヌ国際映画祭のオープニング作品として『モダン・タイムス』が記念上映された。カンヌのオープニング作品に旧作が上映されたのは史上初めてのことであり、ここにデジタル時代でのチャップリン作品の復活が高らかに宣言された。

フランスを皮切りに各国の映画館で再公開され、その1作目として公開された『独裁者』は、折しもイラク戦争を巡ってアメリカ主導のグローバリズムに疑問の声があがる中、「幸福なグローバリズムのために」というキャッチコピーのもと、フランスで公開第1週目に興行収入4位を記録するという異例のヒットとなった。

日本でも2003年に「Love Chaplin!」と題して代表作が再公開。有楽町スバル座の前売券販売の歴代2位を記録した。

家庭用のソフト化もVHS、DVD、ブルーレイと繰り返し行なわれている。日本の例を見ても、配信の影響でパッケージ・ソフトが売れなくなっている２０１７年でさえアシェット・コレクションズ・ジャパンから発売されたシリーズの１巻である『独裁者』のＤＶＤは７万枚を売るヒットを記録した。

チャップリンについては、死後においても遺族が彼の意図に忠実に従っている。先ほどデジタル修復と書いたが、遺族は最新のテクノロジーで３Ｄ化するなどの処理は行なわず、あくまでチャップリンが作った当時のものを復元することにこだわる。もっとも極端な例をあげると、当時チャップリン撮影所でフィルムについてしまった傷は、「チャップリン本人が承認したもの」として消すことはしない。

このように、遺族はチャップリン本人が創った作品を守ることに重きを置いている。そして、放浪紳士のキャラクターの利用についても保守的で、前節のカテゴリーを使うと、安易にキャラクターｂとして独り歩きすることを許さず、チャップリン本人の意志が細部まで行き届いた形でしか使用できない。

前述した通りチャップリンは、キャラクターの権利を確立した最初の人物である。だが、意外なことに彼はそれを主たるビジネスとして展開することに興味はなかった。あくまで、思う存分に作品作りに集中するために、すべての権利を完全に手中におさめ、その一つがキャラクターの権利だったわけだ。

　1915年以来、エッサネイ社と兄シドニーが共同でキャラクター・ビジネスを推し進めた。しかし、1918年に独立してチャップリン撮影所を作り、1作のために数年かけるようになると、チャップリン本人はますます映画作りに専念し、キャラクター・ビジネスには関与していなかった。グッズ販売に力を入れていた兄シドニーは1920年代に再び自身の映画製作に戻り、弟のマネージャー役からは身をひいたので、キャラクター・ビジネスの担当者が不在になってしまった。

　それゆえに、驚くべきことに1920年代以降のチャップリン全盛期に世に出たおびただしい数のキャラクター・グッズはほとんど無許可で販売されたものだった。チャップリンは「偽チャップリン俳優」には厳しく対応したが、関連グッズは放置していた。彼は根っからのクリエイターだったのだ。

　本人が商品化に興味を持ったのは、もはや自分では演じることはなくなった1970年代のことだ。世界的なリバイバル・ブームになった時に、キャラクターとしてのチャーリーの強さを再認識したのだろう。チャップリンは、商品化権を扱う会社としてバブルス社（孫のチャーリーが自分の名前をバブルスと言ったことから社名にした）を設立し、アメリカに強力な代理店を持ったこともあり、ライセンス事業は好調にスタートした。

チャップリンの死後、１９８０年代以降は亡き夫のイメージを守ることに腐心したウーナ夫人がほとんど許可を出さず、商品化ビジネスは低調になる。そんな中でも、ＩＢＭとのイメージ・キャラクター契約は、80年代最大の案件だった。

90年代に入ると、ポケモンをはじめゲームやアニメのキャラクターが人気になり、バブルスには世界中からチャップリンのアニメ化の申し出が多く寄せられた。カナダの有名なアニメーション会社であるネルバダ社はパイロット版まで作ってアニメ化を申し出たが、やはりチャップリン家は許諾を出さなかった。

潮目が変わったのは、21世紀に入ってからだ。前述のデジタル修復に見られるように、チャップリン家は放浪紳士のキャラクターを安売りせずに、しかし次の世代へと人気を伝えることに舵を切った。

日本でも２０１５年に『ライムライト』の世界初の舞台化に許可が下り、筆者が脚本を担当し、石丸幹二主演で上演された。２０１９年には『街の灯』の歌舞伎版である『蝙蝠《こうもり》の安さん』が松本幸四郎主演、筆者の脚本考証で国立劇場にて上演され、大きな話題を呼んだ。
２０１６年にはスイスのチャップリン邸が改装され、博物館「Chaplin's World」となり、目標を大きく上回る年間23万人の入場者を集め、２０１６年のヨーロッパのベスト博物館に選ばれた。90年代までは拒絶していたアニメ化も、フランス＝インド＝パキスタン＝イギリスの共同製作ＣＧアニメ『Chaplin and Co』が実現し、21世紀を舞台に放浪紳士キャラクターによるオリジナル・ストーリーが展開された。これは放浪紳士のキャラクターとして「カテゴリーb」の数少ない例である。

このように、チャップリンのキャラクターについては、少しずつ商品化の範囲を広げていっているとは言うものの、依然として大規模なマーチャンダイズには慎重な立場だ。筆者が関わった舞台版『ライムライト』や歌舞伎版『街の灯』も、許諾申請から10年以上の月日をかけて交渉し、日本語の台本を英語に全訳してチャップリン家のチェックを得た上での上演だった。以前よりはライセンスの許諾を出す方向に舵を切ったとはいえ、遺族はチャップリンのイメージを守ることに細心の注意を払っている。

＊ディズニー　キャラクター・ビジネス過激派

対して、ディズニーはキャラクターを使った多方面にわたる展開に力を入れてきた。

すでに見てきたように、１９２８年に最初のミッキーマウス映画である『蒸気船ウィリー』の公開後、１９３０年代半ばにはミッキーの性格が意地悪で反抗的なものから、万人受けする無害なものへと変わってきた。ミッキーマウス・クラブを組織して子供ファンを囲い込む一方で、ミッキー自体は映画に登場することは少なくなり、ディズニーランド以降は夢の国の象徴の座におさまった。今では、ミッキーマウスのキャラクター・グッズの年間売上は８０００億円を超す（２０１０年）。しかし、読者の中にはミッキーマウスのグッズは持っていても、実際にミッキーの映画を見たことがある人は少ないかもしれない。

チャップリンとの違いは、ディズニー社がミッキーマウス以外にもキャラクターを多く保有しているという点だ。ディズニーは、多くのクリエイターを使っておびただしいキャラクターを生み出した。

また、彼の死後約40年経って、古参のアニメーターが引退したり他界したりすると、知的財産を増やすことを目的に同業他社を積極的に買収するようになった。

２００６年にピクサー・アニメーション・スタジオを74億ドルで買収したのを皮切りに、

２００９年には『スパイダーマン』『アイアンマン』などの権利を持つマーベル・エンタテインメントを42億４０００万ドルで、２０１２年には『スター・ウォーズ』などを製作したルーカスフィルムを40億５０００万ドルで買収した。結果、２０１６年以降、全米の映画興行成績でディズニー社はトップに立ち、２０１９年には36％のシェアを占めるに至った。

買収とともに所有するキャラクターを増やし、スター・ウォーズのテーマランドをディズニーランドとウォルト・ディズニー・ワールドにオープンさせるなど、相乗効果をもたらした。

まさにキャラクターの一大帝国なわけだが、実のところディズニー社の売り上げのメインは、映画でもキャラクターでもない。

ディズニー社の収益には、映画製作・配給事業、キャラクター・グッズ事業、ディズニーランドなどのパークとリゾート事業、放送局などからの広告収入や放送・配信収入などのメディア・ネットワーク事業の、四つの柱がある。２０１３年の資料によると、営業利益のうち映画製作・配給事業は６％に過ぎず、キャラクター・グッズ事業が９％、パークとリゾート事業は21％となっており、実に64％をメディア・ネットワーク事業から得ている。

２０１７年からは、20世紀フォックス社と交渉に入り、映画・テレビ番組の大半を７１３億ドルで買収したことで、フォックスの持つ膨大な映画・番組を自社のストリーミング・サービスであるＤｉｓｎｅｙ＋で配信できるようになった。

多くのキャラクターで得た利益で他のコンテンツ企業を買収し、コンテンツの一大コレクションのメディアでの使用料を得る。結果、年間売上14兆円のコンテンツ企業になった。

かくして、巨額買収を繰り返し、知的財産を次々と増やしていく戦略で、ディズニー帝国は完成を見た。もはやミッキーマウスはディズニー帝国の象徴としてのキャラクターになっている感がある。自分ではあまり創作をせずに強力なプロデューサーシップで作品をコントロールしたディズニーのことを思えば、自社での創作の割合を減らして買収によりメディアを支配している現状は、ある意味で正しくその意志を継いだものかもしれない。

＊ディズニー帝国の「普遍性」

ディズニーをあらわす言葉として、思わず「帝国」という表現を使ってしまった。絶えず資金不足に悩まされ、兄ロイが金策に走り回っていた頃から比べるとなんたる変化であろうか。だが、帝国とは何も会社の規模だけを指しているわけではない。一つの理想を掲げ、その価値を世界中にあまねく伝えるという意味では、ディズニー社は紛れもない帝国である。

もちろん、ディズニー本人が帝国主義的な考えを持っていたわけではない。ただ、「当時の白人にありがちのように、人種的に鈍感なところがあった」[1]。黒人を主人公にした『南部の唄』（１９４６年）の製作時に、黒人の専門家の意見を聞くべきだという助言を無視し、逆に黒人の新聞が共産党に支配されているかどうかを調査したことは、こんにちの観点では「人種的に鈍感なところがあった」と言って済まされるものではない。この点で、早くから人種問題に敏感だったチャップリンとは大きく異なると言わざるを得ない。また、ディズニー本人には、女性蔑視的な発言も散見される。

ただし、本書は現代の人権感覚でもって、１９０１年にアメリカ中西部に生まれた鈍感で気のいい男の発言を問題視するのは公平ではないと考える。また、おとぎ話映画のヒロインをフェミニズムの見地から批評するには紙幅が足りない。ディズニー映画の主人公たちは、ミッキーマウスをはじめ、小さくて普段は臆病だけど時に困難に立ち向かう。作品において彼なりのやり方で弱者の側に立ったことは記憶されるべきだ。その上で本人が、当時のアメリカ白人の標準的な、すなわち保守的な考え方を持っていたことは否めない。

そんな保守的な考えを持っていたディズニーだったが、その末裔たちは、近年様々なマイノリティーへの配慮を見せるようになっている。

２０１９年７月に、ディズニー社が企画中の実写版『リトル・マーメイド』のアリエル役として、歌手・俳優のハリー・ベイリーの起用を発表した。オリジナルのアニメ版では白人として描かれているアリエルを、実写では黒人が演じることに賛否両論が沸き起こった。

ただ、アメリカではすでに１９９７年の時点でアメリカでのテレビ放送版『シンデレラ』の主役に黒人歌手のブランディがキャストされていた。配役においてマイノリティーに配慮する「ポリティカル・コレクトネス」を重視する現代の基準では、このようなケースは決して珍しいことではなく、実のところ「現代アメリカ人の標準的な考え」であると言える。

「現代アメリカ人の標準的な考え」といえば、日本映画『南極物語』（１９８３年）をディズニーがリメイクした時に一悶着あった。

オリジナルの『南極物語』は、南極観測隊が悪天候などのために15頭の樺太犬を南極に置き去りにし、１年後に観測隊が訪れた時、奇蹟的に生き残った「タロ」と「ジロ」と再会す

１　ゲイブラー、３８０頁。

る実話に基づく。国民的俳優である高倉健が主演し、長らく日本国内の興行収入記録歴代1位の座にあった、まさに我が国の国民的映画だ。

本作は２００６年にディズニーによって『Eight Below』というタイトルで、リメイクされたのだが、オリジナルの企画者でディズニー版でも製作総指揮としてクレジットされている角谷優によると、ディズニー社は南極に置き去りにされた犬が1年後もすべて生きているストーリーに改変したいと主張したという。角谷は史実に基づき、過酷な自然の脅威と残酷な運命のドラマを描きたいと言ったが、ディズニーは聞き入れなかった。「現代アメリカ人の標準的な考え」である動物愛護の観点からは、ほとんどの犬が死んでしまうという設定はできないというのだ。結局、「2頭だけ死ぬ」という中途半端な妥協案で落ち着いた。（そちらの方が残酷ではないかと筆者は思うのだが……。）

アリエルを黒人が演じることと、動物が死なないこと——両者に共通するのは、「その時代のアメリカの標準的な考え」を普遍的な考えとして映画に反映させる、ということだ。残酷な運命に翻弄《ほんろう》され、2頭だけ残った犬と再会するというドラマは、確かに日本人好みの感傷的なストーリーだ。しかし、ディズニー社は、日本というローカルな地域の価値観を却下し、（アメリカの）普遍的な真理に基づくストーリーを採用した。

アメリカの理想を世界に広めたディズニー——その考えを引き継いだディズニー社は、近年はマイノリティーへの配慮をしつつ、また、例えば日本のディズニーランドやディズニーコンサートにおいて日本独自の解釈によるイヴェントが生み出され、それがアジアに輸出されるなどのローカライズも見られるようになった。しかし、総じて今も、時代によって更新された「アメリカの理想」を普遍的なものとして世界に広めている「帝国」であると言えるだろう。

＊草の根チャップリンの多様性

さて、普遍性といえば、チャップリンもまた時代や国境を超え、普遍的な存在だとしばしば言われる。

実際、一口に「国境を超える」と言っても、チャップリンの場合は常人の想像する範囲を超える。例えば、インドのある村ではチャップリンがヒンドゥー教の神々の一人として祀られ、喜劇王の誕生日を聖日として村全員でチャップリンの扮装をして練り歩く風習がある。インドには「インドのチャップリン」なる俳優が今もたくさんの映画で主演し、香港には「香港のチャップリン」として現地で活躍する俳優がいる。先に述べた通り我が国でも戦前に歌舞伎化された。

ただし、「香港のチャップリン」の作品を見たが、日本人である筆者にとっては、チャップリンとは似ても似つかぬカンフー映画としか思えなかった。「インドのチャップリン」も、映画の中で大勢の女性と歌い踊り、まったくもってボリウッド・ムービーの典型だった。つまりは、香港の人たちはチャップリンの類まれな身体能力を見て、「あの動きは私たちのカンフー映画にそっくりだ」と親和性を見出し、インド人はチャップリンのロマンティックな要素を見て「自分たちの好みに似ている」と思ったわけだ。

われわれ日本人はチャップリンの人情味に親近感を覚える。歌舞伎版『街の灯』である『蝙蝠の安さん』は、主人公に歌舞伎作品の伝統的なキャラクターである「蝙蝠安」を据えている。チャップリンが、その固有の魅力を失わずに、歌舞伎の伝統の中に自然に入って来ているのだ。

つまり、チャップリンは一つの価値観をあまねく広めるといった「普遍性」ではなく、それぞれの文化が自然と共感できる柔軟な「多様性」を備えていたというべきだろう。

普遍性はディズニーの大きな力の源泉だ。唯一無二の図像を持つミッキーマウスは全世界にあまねく行き渡っている。ディズニーランドではミッキーが視界に一人しかいないように演出されている通り、それは唯一神に近い象徴的存在だ。もともとあった内面的な性格が失われた外見＝図像。その図像のもとに巨大なビジネス帝国ができあがった。

対して、チャップリンの多様性は、大きくまとまった力にはならない。ヒンドゥー教のたくさんの神々の仲間になっているというエピソードは、チャーリーが唯一神になり得ないことを雄弁に物語る。キャラクターの内面的な性格を保守的に守り通したゆえに、それは個々人の内面に直接響く。個々人が、放浪紳士の内面に自分の内面を投影する。それゆえに、良くも悪くも、世界的なビジネス帝国を形成することはない。

ビジネスの規模としてはディズニー社とチャップリンとでは、今や比べものにならない。しかし、前述した通り、イラク戦の際に『独裁者』がスマッシュヒットを記録したり、日本でも東日本大震災の後チャップリン映画の再生回数が急増するなど、チャップリンはビジネスの金額にあらわれない社会的なインパクトを持ち続けている。

一例をあげよう。中央アジア南西部に位置する旧ソ連から独立した共和国トルクメニスタンの首都アシガバットには、「チャップリン」という名前のレストランがあり、連日賑わっている。しかし、メニューの中に喜劇王にちなんだ料理があるわけではない。では、なぜその名前を冠しているのだろうか？

当局からの弾圧を恐れてレストランの主人は答えてくれなかったのだが、現地の人によると「チャップリン」は、自由への希求と弱者の抵抗という意味があるそうだ。報道の自由度ランキングで下から3位という独裁国家における、庶民のささやかな抵抗として、レストランになんの関係もないその名前がつけられたのだ。[2]

今も大勢に楽しみと夢とを与え続けて、夢の帝国を築き上げるまでになったミッキーマウス。辺境の独裁国家で草の根の庶民の希望となっているチャップリン。二人が生み出したキャラクターは、21世紀になってなおその影響力を強大にかつ隅々に行き渡らせている。

＊チャップリンとディズニーの間に

ここまで、チャップリンとディズニーの生涯と師弟関係とも呼べる交友、そして両者が生んだキャラクターについて見てきた。

イギリスからアメリカへ、理想を求めて移民として渡り、そして理想のために笑いを武器に闘ったがゆえにアメリカを追われ、放浪し続けたチャップリン。彼は、歴史上初めて、全世界の人がイメージを思い浮かべることのできるキャラクターを作り上げた。世界中で同時期に映像を共有したという意味でも現代の映像メディアの礎を築き、映画・キャラクターにまつわる知的財産権を確立したことで、現在隆盛を極めるコンテンツ産業の始祖となった。

一方、アメリカの古き良き理想を常に思い、その理想を追い求め、永遠のものとしてアニメーションやランドに残したディズニー。彼は、チャップリンの影響のもと、言語を超えて理解できるサイレント映画の特質を引き継ぎ、アニメーションにおいて世界的なキャラクターを生み出し、知的財産のビジネスを大きく発展させた。

革新的な思想を持ちつつも、映画だけにこだわりテクノロジーについては頑迷なまでに保守的だったチャップリンに比べて、ディズニーは保守的な思想を持ちつつも、メディアについては過激なほど革新的で、次々と新しい機軸で理想を描いた。

ディズニーはチャップリンからのバトンを引き継いで先へと走り、新たなメディアであるテレビも手なずけた。チャップリンにならってアニメーションにテーマを持たせたように、遊園地を革新してテーマパークを発明した。強力なプロデューサーシップを発揮し、個人のクリエイターだったチャップリンでは成し遂げられなかった娯楽の帝国を築いた。

まさに、こんにちのエンターテインメントのフォーマットのほとんどは、チャップリンと

2　黒田真生のレポートによる。

ディズニーが二人三脚で創り上げたといっても過言ではない。

そして、今は？

２００８年、ディズニーとピクサーの共同製作による『ウォーリー』を作る前に、ピクサーのラルフ・エグルストンはスタッフ全員にすべてのチャップリン映画を見るように言った。革新的なアニメーション作品を作るために、チャップリンの成功の秘密を知っておかなければならないと彼は考えたのだ。

元ディズニーのアニメーターで、『ヘラクレス』（１９９７年）、『トレジャー・プラネット』（２００２年）などのスーパーバイザー・アニメーターを務めたナンシー・バイマンは、「最上のアニメーションの演技は、パントマイムによって表現される」とし、アニメーターたちは「世界でもっとも偉大なパントマイミスト」であるチャップリンの動きを一コマずつ注意深く見て、「彼の作品を偉大なものにしているのは、ほんの少しのことの積み重ねだ」ということを知らなくてはならないと説く。

ＣＧアニメの時代になっても、ディズニーはチャップリンから多くを教わっているようだ。

二人が生み出した、誰もが知っているあのキャラクターたちは、多くの共通点を持ち、また多くの点で対照的でもある。

放浪紳士チャーリーは、寓話的な外見を持つが、その内面は大衆のリアリティに根ざしている。チャーリーは現実社会を孤独に放浪し、一つの場所に留まることはない。夢を見ているが、かなえられることは決してないし、その恋は必ず破れる。孤独に理想を求め続ける彼は、権力に対してささやかな反抗を試みる弱者の一人だ。そうした内面ゆえに、チャーリーの精神は時代を超えて生き続ける。

対してミッキーマウスは、チャーリーからその外見と内面の多くを引き継いだが、チャーリーに比べてより寓話的な内面を持っている。ミッキーは現実社会を否定したところにある理想の場所に住み、その理想を守るべく定住している。夢を見て、それをかなえ、恋も成就する。仲間とともに理想を守る彼は、時にやんちゃに反抗をすることもあったが、守るべき理想があるという点で保守的でもある。

両キャラクターの性格は、現在の両者の知的財産ビジネスにも引き継がれている。

チャップリン家は、チャップリン本人が生み出した放浪紳士のイメージを頑なに守っている。そのせいで、経済規模は小さい。しかし、そのことで世界中に草の根のように思い思いのチャーリーが広がる。対して、ディズニーは巨額の買収により手に入れた多数のキャラクターをメディアやテーマパークで展開し、小さな反抗者のイメージは消えたが、大衆に愛されるわかりやすさで大帝国を築きあげた。

むろん、近年、チャップリン側もディズニーを見習って幅広い展開を目指して舵を切ったし、ディズニー社も『ポカホンタス』では先住民を、『ムーラン』では中国を舞台にし、マイノリティーや多様な世界への配慮を見せつつある。これからも両者は変貌と発展を遂げていくだろう。

いずれにせよ、現在のキャラクター・ビジネスは、今も始祖であるチャップリン的な方法とディズニー的な方法の、二つの対照的な流れの間で成長し続けていると言える。

また、第二次大戦の時にあらわになった二人の考えの違い、〈四面楚歌になっても立ち向かうか、生きて行くために状況を利用するか〉、そして、こんにちの両者のビジネス観の違い――〈原点を失わずに小さなビジネスとするか、創業の志を超えて拡大していくか〉は、単に娯楽の世界だけでなく、困難な時代に生きる私たち全員が直面する課題である。

放浪と定住。闘争と建設。理想と現実。保守と革新。外見と内面――そんな永遠のテーマを、チャップリンとディズニーは問いかけているようだ。

それにしても、本書が、とくに後半において、二人の差異を強調したと思われたとしたら、ひとえに筆者の計算違いである。二人の思想や方法論の差異は、20世紀以降の世界の理想への表裏一体なるアプローチであり、チャップリンとディズニーを合わせ鏡にした時に、戦争の実相やアメリカという国の形、現代メディアとエンターテインメントの姿が立体的に見えてくる複眼の視点である。どちらか片方が欠けると、現代の本質を見失う。両者はそんな風に二人一組で時代精神を体現した存在だったのだ。

エピローグ　二人が最後に見た夢

チャップリンが取り組んだ最後の映画は、『フリーク』という羽根の生えた少女の話だった。結果的には未完になったものの、１９６９年頃には映画音楽の作曲も終え、亡くなる直前まで『フリーク』の脚本の手直しをしていた。

南米で翼の生えた少女が発見される。不思議な力で人々を癒す彼女を、イギリスからやってきた新興宗教の一味が教祖に祭り上げて金儲けを企む。イギリスに連れて行かれ、意に反して天使に祭り上げられた少女は、救いを求める人々の熱狂に恐怖を感じ、夜空を羽ばたいて逃げ回る。

様々な事件の後、当局は少女を捕獲するが、彼女が動物か人間かで議論になる。人間なら出生記録が必要だし動物なら検疫が必要だ。その時、出生記録が見つかり、少女は当局から

『フリーク』デザイン画　Copyright © Roy Export Co Ltd. Archives digitised by Cineteca di Bologna.

自由を保証されるが、国家から与えられた自由を拒絶し、大空に向かって飛び立ち、大西洋で力尽きる……。

物語は、安易に宗教が作られる現代文明の批判としても面白い。羽根の生えた少女に対して、他のことよりもまず「記録がない！」と大騒ぎする国家というシステムへの痛烈な皮肉でもある。少女がバレエ作品「天使」を上演中の劇場に迷いこんで、楽屋係の女性に「あら、もう衣裳を着てるの？」と言われるギャグに笑い、群衆を前にした少女が「私は自分が天使かどうか知りません。皆は私のことを特別だと言います。でも、人は皆特別なのです！」と人々に訴えるヒューマニズムに胸を打たれる。

『フリーク』は、チャップリンの自伝的な作品とも言える。特別な才能を持って生まれ、そのことで人々を救い、人気者になって熱狂的に祭り上げられる。しかし、その後理由なく追われ、バッシングを受け、個人の中身についてではなく人間か動物かといった属性についての不毛な議論に巻き込まれる。しかし、最後に少女は、与えられた幸福を選ばずに、たとえ力尽きることになるとしても、あくまでの個人としての真の自由を求めて舞い上がる——それが80歳のチャップリンが最後に考えていたラストシーンかと思うと、深い感動を覚える。

対して、ウォルトが最後に取り組んだ作品は、『メリー・ポピンズ』（１９６４年）と言えるだろう。すでにテレビや万博、ディズニーランドの建設と運営に熱中し、長らく映画作りに興味を失っていたウォルトは、１９６４年に万博に出展するリンカーンのロボットを完成させた後、突如覚醒したかのようにこの映画作りに邁進した。

きっかけは１９３４年に、妻リリアンから原作を読むよう勧められたことに遡る。このイギリスの児童文学に、娘たち以上に夢中になってしまったウォルトは、すぐに原作者のP・L・トラヴァースに「実写とアニメを組み合わせるための、理想的な題材だ」と連絡をした。まさにメリー・ポピンズそのままの変わり者だったトラヴァースとは、戦争を挟んでようやく１９４６年に原作使用に１万ドルを払うことで合意しかけたものの、脚本の検閲を要求したトラヴァースにウォルトは同意せず、一旦交渉は決裂した。

ディズニーランドが一段落した１９５９年になって、ウォルトは再度原作者に連絡を取った。トラヴァースは、今度は75万ドルという破格の要求をし、脚本についても細かく注文をつけてきた。ウォルトはその都度彼女に譲歩し、その代わり主役にまだ無名に近かったジュリー・アンドリュースを抜擢するアイディアについては彼女を説き伏せた。ワンマンのウォルトがここまで譲歩したことも珍しく、どうしても企画を成立させたいという意欲を感じさせた。体調を崩しがちになっていたこともあり、最後の作品という予感がしたのかもしれない。

ストーリーボードを前に身振り手振りで作品の構想を説明するかつてのウォルトが戻ってきた。「彼は話しているうちに、この映画に対してますます熱くなっていった。その情熱はすさまじいものだった。まるで子供のようだった」と煙突掃除人バート役を演じたディック・ヴァン・ダイクは回想する。

『メリー・ポピンズ』もディズニーの自伝的な作品だ。厳しい父と愛情豊かな母は、ディズニーの両親を思わせる。不器用だが誠実な父は、ウォルトの自画像でもある。歌と踊りで道行く人々を楽しませるバートはチャップリンに憧れていた少年ディズニーそのものだ。原作にはないのに、銀行家バンクスの妻を女性の権利拡大を訴えるキャラクターにして茶化しているところには、保守派の思想を垣間《かいま》見ることができる。冒頭の公園のシーンで、『殺人狂時代』『ライムライト』に助演したマージョリー・ベネットがカメオ出演するのは、チャップリンとのつながりをフィルムに焼き付けたかったのだろう。

そして、銀行家に象徴される大人の規律を拒否して、純真な子供の素晴らしさをうたいあげるというテーマ。それまで子供が冒険を経て成熟する様を描いてきたディズニーは、最後にマーセリーンの少年時代の気持ちに戻り、草創期のディズニー社が最初に手がけた「アリス・コメディ」シリーズと同じように、実写とアニメの融合作品として発表した。

かくして、キャラクター・ビジネスを巨大産業に育て、テーマパークを発明したビジネスマンは、最後に、クリエイターとしての原点に戻った。それが師匠である喜劇王の最後のプロジェクトと同じく空を飛ぶ女に託した自伝的物語だったことは、離れてもなお二人が一つの夢を見ていた証とは言えまいか。

チャップリン・アーカイヴに一枚のメモがある。

１９６９年７月10日付けで、チャップリンのアシスタントだったジェローム・エプスティーンが作成した文書だ。チャップリンは７月11日から３日間、『フリーク』の参考にするために、ロンドンでスクリーンを借りて6本の映画を取り寄せて上映することにした。その作品リストの筆頭には、『メリー・ポピンズ』と書かれている。チャップリンに憧れ師と仰いだディズニーの最後の傑作。喜劇王は、自身の最後の作品のために、かつての弟子ディズニーに教えを乞うていたのだ。

歴史上、もっとも成功したエンターテイナーである二人は、ある時は師匠と弟子として導き導かれ、またある時は親しい友人として同じ時を過ごした。

そしてのちに思想の違いから道をたがえた後は、二度と会うことがなかった二人だが、それでも最後に同じ夢を見ながらこの世を去った。その真の友情に想いを馳せる。

ちょうど、この原稿を書いている今、新型コロナウイルスの感染拡大で、多くの命が失われ、世界中から楽しみが奪われている。そんな中、ディズニーランドが、ウイルスへの対策を施した上で再開したことに人々は狂喜し、イタリアのボローニャでは無人の広場の壁にチャップリン映画が映写され、外出できない人々に笑いを届けた。音楽家たちによるチャリティ動画「One World: Together At Home」では、一番手のレディ・ガガがチャップリンの「スマイル」を歌った。およそ1世紀前に誕生した放浪紳士とミッキーマウスに、インターネット時代に生きる現代人の心が救われているのだ。

チャップリンとディズニー――二人が見た夢は、時代を超えて世界中の人に喜びを与え続け、今この瞬間も困難の中にいる多くの人々を勇気づけている。

２０２１年４月16日　喜劇王の１３２回目の誕生日に　春の洛北にて

大野裕之

謝辞

本書の執筆にあたっては、いつもの通り国際的なチャップリン研究ネットワークに助けられた。チャップリン・オフィスのケイト・ギヨンヴァーは、貴重なチャップリン・アーカイヴの資料を惜しげもなくご提供してくださった。チネテカ・ディ・ボローニャのチェチリア・チェンチャレーリは、チャップリンの幻のアニメーション・プロジェクトについての詳細を教えてくれた。

アメリカのチャップリン研究をリードするフーマン・メーラン、フランク・シャイドからは多くの知られざる情報を教わった。リサ・スタインからは、チャップリンとディズニーを巡る様々な研究を紹介していただき、ドイツの初期映画研究のウリ・ルーデルとともに、アニメーション史の専門家であるトミー・ホセ・スタテス、エリック・グレイソン、デヴィッド・ガーステインらとの議論に誘ってくれた。

ディズニーについては、初めに本書を企画し導いてくれた矢野透氏の研究、氏と親交が深かったディズニー・アーカイヴスの創設者であるデイヴ・スミスから貴重な資料と情報を得ることができた。デイヴの存命中に出版ができなかったのは痛恨の極みだが、本書の中にデイヴのウォルトへの思いが息づいていることを願う。ウォルト・ディズニー研究の第一人者でもあったラッセル・メリットから直接お話をうかがうことができたのは今となっては財産だ。

むろん、映画史研究の大家デイヴィッド・ロビンソン、ケヴィン・ブラウンロウの両人からの示唆に富む助言、チャップリンの子供たち、とりわけ三男のマイケル、四男のユージーンから教わった父チャップリンの素顔は本書を豊かにしてくれた。世界的なコレクターであるドミニク・デュグロス、大久保俊一の両氏からは貴重な資料をご提供いただいた。拙い原稿を読んでいただき貴重なアドヴァイスをくださったのは、アメリカ文学者の中垣恒太郎、国際政治学者の村田晃嗣、映画プロデューサーの榎望、山本一郎の各氏である。本書が少しでも実りあるものになっているとすれば、これらの皆さんのおかげである。

なにより、書籍化を決定してくださった光文社の田邉浩司氏、三宅貴久氏のエディターシップなしには存在し得なかった。記して感謝する。

最後に、いつものように美砂、秀典、暁生に。大野茂、幸枝、粟田ヨシ子、広瀬久枝の思い出に。

主要参考文献

チャップリン家所蔵　約１万ページの未公開資料（脚本・メモ・手紙・撮影日誌・裁判記録その他）。
チャップリン家所蔵　チャップリンとディズニーについてのスクラップブック。

チャールズ・チャップリン著、中里京子訳『チャップリン自伝　若き日々』新潮文庫、２０１７年。
チャールズ・チャップリン著、中里京子訳『チャップリン自伝　栄光と波瀾の日々』新潮文庫、２０１８年。
[Chaplin, Charles. *My Autobiography*. London:The Bodley Head, 1964.]
______________. *My Life in Pictures*. London:The Bodley Head Ltd,1974.
Charlie Chaplin : Interviews. ed. Kevin J. Hayes. University Press of Mississippi, 2005.
デイヴィッド・ロビンソン、宮本高晴・高田恵子訳『チャップリン　上・下』文藝春秋、１９９３年。
[Robinson, David. *Chaplin:His Life and Art*. London:William Collins Sons & CO.,Ltd.,1985, London:Penguin Books, 2001.]
Mitchell, Glenn. *The Chaplin Encyclopedia*. London:Batsford, 1997.
______________. *A-Z of Silent Film Comedy*. London:Batsford, 1998.
Chaplin;The Dictator and the Tramp. ed. Frank Scheide and Hooman Mehran, London:BFI Publishing, 2004.
Chaplin's "Limelight" and the Music Hall Tradition. ed. Frank Scheide, Hooman Mehran and Dan

Kamin, Jefferson:McFarland & CO., 2006.

大野裕之著『チャップリン・未公開ＮＧフィルムの全貌』ＮＨＫ出版、２００７年。

同著『チャップリンの影　日本人秘書・高野虎市』講談社、２００９年。

同著『チャップリンとヒトラー　メディアとイメージの世界大戦』岩波書店、２０１５年。

同著『チャップリン　作品とその生涯』中央公論新社、２０１７年。

山口淑子・大野裕之著『チャップリンの日本』日本チャップリン協会、２００６年。

デイヴィッド・ロビンソン、チェチリア・チェンチャレーリ、大野裕之著『チャップリンと戦争「独裁者」絵コンテと秘蔵資料』日本チャップリン協会、２００７年。

Kerr, Walter. *The Silent Clowns*.New York:Da Capo Press,1975.

Collier, Kevin Scott. *The Chaplin Animated Silent Cartoons*. Cartoon Research:Burbank, 2019.

Jackson, Kathy Merlock. '*Mickey and the Tramp: Walt Disney's Debt to Charlie Chaplin*' in "*The Journal of American Culture*", vol 26, Issue 4, December 2003.

【ディズニーについて】

ボブ・トマス著、玉置悦子・能登路雅子訳『ウォルト・ディズニー　創造と冒険の生涯』講談社、１９９５年。

[Thomas, Bob. *Walt Disney:An American Original*. Disney Book Group:Burbank, 1994.]

ニール・ゲイブラー著、中谷和男訳『創造の狂気　ウォルト・ディズニー』ダイヤモンド社、２００７年。

[Gabler, Neal. *Walt Disney: The Triumph of the American Imagination*, Vintage books:New York, 2007.]

デイヴ・スミスの「月刊ディズニーファン」（講談社）における連載および未発表の論考。

矢野透の評論（「月刊ディズニーファン」〈講談社〉２０１０年６・７月号、２０１４年１・２・５月号、２０１７年１・８・９月号、２０１９年６・７月号、２０２０年１・２月号、「ディズニー・オン・クラシック公式パンフ」２０１７年・２０１８年版）および未発表の論考。

クリストファー・フィンチ著、前田三恵子訳『ディズニーの芸術』講談社、２００１年。

[Finch, Christopher. *The Art of Walt Disney:from Mickey Mouse to the Magic Kingdoms.* New York:Harry N. Abrams, Inc.,1973, New York:Harry N. Abrams, Inc., 2011.]

ディズニーファン編集部編、柳生すみまろ・デイヴ・スミス共同監修『ディズニーアニメーション大全集新版』講談社、２０１４年。

カルステン・ラクヴァ著、柴田陽弘監訳、眞岩啓子訳『ミッキー・マウス　ディズニーとドイツ』現代思潮新社、２００２年。

[Laqua, Carsten. *Wie Micky unter die Nazis Fiel.* Reinbek:Rowohlt,1992.]

エイミー・ブース・グリーン＆ハワード・E・グリーン著、阿部清美訳『ウォルト・ディズニーの思い出』竹書房、２０１３年。

[Green, Amy Boothe and Green, Howard E. *Remembering Walt: Favorite Memories of Walt Disney,* Disney Book Group:Burbank, 2002.]

【アニメーション史全般について】

スティーヴン・キャヴァリア著、仲田由美子・山川純子訳『世界アニメーション歴史事典』ゆまに書房、２０１２年。

[Cavalier, Stephen. *The World History of Animation.* University of California Press: Berkeley,2011.]

レナード・マルティン著、権藤俊司監訳『マウス・アンド・マジック　アメリカアニメーション全史　上・下』楽工社、２０１０年。

[Maltin, Leonard. *Of Mice and Magic: A History of American Cartoons; Revised and Updated.* Plume: New York, 1987.]

伴野孝司・望月信夫著、森卓也監修、並木孝編『世界アニメーション映画史』ぱるぷ、１９８６年。

有馬哲夫著『ディズニーとライバルたち　アメリカのカートゥン・メディア史』フィルムアート社、２００４年。

リチャード・フライシャー著、田栗美奈子訳『マックス・フライシャー　アニメーションの天才的変革者』作品社、２００９年。

[Fleischer, Richard. *Out of the Inkwell: Max Fleischer and the Animation Revolution.* University Press of Kentucky:Lexington, 2005.]

資料提供・編集協力　矢野透

大野裕之（おおのひろゆき）

1974年大阪生まれ。脚本家・演出家・日本チャップリン協会会長。大阪府立茨木高校卒。京都大学総合人間学部卒、同大学院人間・環境学研究科博士課程所定単位取得。専攻は映画・演劇学、英米文化史。国内外のチャップリン関連企画やブルーレイ等を監修するなど、遺族の信頼もあつく日本でのチャップリンの権利の代理店も務める。著書に、『チャップリン　作品とその生涯』（中公文庫）、『チャップリンとヒトラー　メディアとイメージの世界大戦』（岩波書店、第37回サントリー学芸賞）他多数。創作では、映画『太秦ライムライト』（第18回ファンタジア国際映画祭最優秀作品賞）、『葬式の名人』他のプロデューサー・脚本を担当。2006年ポルデノーネ無声映画祭特別メダル、’14年京都市文化芸術産業観光表彰「きらめき賞」受賞。

ディズニーとチャップリン
エンタメビジネスを生んだ巨人

2021年6月30日初版1刷発行

著　者 —— 大野裕之
発行者 —— 田邉浩司
装　幀 —— アラン・チャン
印刷所 —— 萩原印刷
製本所 —— ナショナル製本
発行所 —— 株式会社 光文社
東京都文京区音羽1-16-6（〒112-8011）
https://www.kobunsha.com/
電　話 —— 編集部03（5395）8289　書籍販売部03（5395）8116
業務部03（5395）8125
メール —— sinsyo@kobunsha.com

 ISBN 978-4-334-04547-0

1137
ジェンダーで見るヒットドラマ
韓国、アメリカ、欧州、日本

治部れんげ

「愛の不時着」はなぜヒットした？「半沢直樹」がウケる日本はヤバイ!? ジェンダー視点でドラマを見れば世界のいまも見えてくる。業界随一のジャーナリストによる新ドラマ論。

978-4-334-04545-6

1138
夢中になる 東大世界史
15の良問に学ぶ世界の成り立ち

福村国春

約40年分の過去問から、選りすぐりの15問で振り返る国際社会の歩み——。暗記しただけでは解けない、歴史の本質を突く問題を紐解けば、覚えただけの歴史が教養に変わる！

978-4-334-04546-3

1139
ディズニーとチャップリン
エンタメビジネスを生んだ巨人

大野裕之

ディズニーは、キャラクターの創作とストーリーの大切さ、権利の保持や配給会社との条件交渉などをチャップリンから学んだ。——固い友情と離別、知られざる二人の師弟関係。

978-4-334-04547-0

1140
スポーツとしての相撲論
力士の体重はなぜ30キロ増えたのか

西尾克洋

「決まり手」「体格」「怪我」「指導」「学歴」「国際化」「人気低迷」。７つのキーワードから見えてくる、伝統と進化のはざまで揺れ動く大相撲の現在。幕内全力士の解説付き！

978-4-334-04548-7

1141
糖尿病の真実
なぜ患者は増え続けるのか

水野雅登

「インスリンは一生のお付き合い」「糖尿病は不治の病」は本当なのか。脱インスリン率１００％の実績を持つ著者が、実際の治療例を紹介しつつ、現在の糖尿病治療の実情と問題点を解説。

978-4-334-04549-4